# EL MOMENTO TRASCENDENTAL

# EL MOMENTO TRASCENDENTAL

## Una investigación de la enseñanza escrituraria acerca del Segundo Advenimiento

W.J. Grier

EL ESTANDARTE DE LA VERDAD

EL ESTANDARTE DE LA VERDAD
3 Murrayfield Road, Edimburgo EH12 6EL, Reino Unido
P O Box 621, Carlisle, PA 17013, EE.UU.


Publicado por primera vez en inglés en 1945 por
the Evangelical Bookshop Belfast con el título
*The Momentous Event*
Primera edición en español: 2011


ISBN: 978-1-84871-096-2

Traducción: Scott W. Moore y Ricardo Bermúdez Maldonado
Revisión de estilo de la presente edición: Juan Sánchez Araujo

La presente edición se publica en colaboración con
EDITORIAL PEREGRINO, S.L.

Impreso en EE.UU.

*Printed in USA*

# *Índice*

# 1
# *El momento trascendental*

El gran acontecimiento del futuro es el Segundo Advenimiento de Nuestro Señor Jesucristo. Las Escrituras declaran lisa y llanamente que este advenimiento será personal, visible, repentino e inesperado, glorioso y triunfante.

## PERSONAL

El Nuevo Testamento enseña que Nuestro Señor vendrá en persona. Mientras que las Escrituras se refieren a algunos grandes acontecimientos en la historia del individuo —como la muerte—, y a grandes acontecimientos en la historia de la Iglesia —tales como el derramamiento del Espíritu en el día de Pentecostés y la destrucción de Jerusalén— como venidas de Cristo, con todo también declaran en términos no inciertos que la suya ha de ser una venida triunfante y final que sobrepasa a esas "venidas" parciales y típicas: "Porque el Señor *mismo* [...] descenderá del cielo" (1 Ts. 4:16).

## VISIBLE

Se enseña claramente en el Nuevo Testamento que el Señor volverá visiblemente. Su Primera Venida fue literal y visible, y podemos estar seguros de que su Segunda Venida —que se liga tan a menudo con la primera en las declaraciones de las Escrituras— también lo será. "Este mismo Jesús, que ha sido tomado de vosotros al cielo, así vendrá como le habéis visto ir al cielo" (Hch. 1:11); su Segunda Venida ha de ser tan visible como su Ascensión.

> Entonces aparecerá la señal del Hijo del Hombre en el cielo; y entonces lamentarán todas las tribus de la tierra, y *verán* al Hijo del Hombre viniendo sobre las nubes del cielo, con poder y gran gloria. Y enviará sus ángeles con gran voz de trompeta, y juntarán a sus escogidos, de los cuatro vientos, desde un extremo del cielo hasta el otro" (Mt. 24:30-31).

El fallecido Dr. R.V. Bingham había sostenido con anterioridad la doctrina común de un advenimiento secreto del Señor y un arrebatamiento secreto de los santos, pero, al ser interrogado por su esposa en cuanto a algún texto de prueba, descubrió que no podía aducir ni siquiera uno. Sobran textos de prueba, sin embargo, a favor de la otra perspectiva. Seguramente, si dicho advenimiento fuera secreto, no sucedería "con voz de mando, con voz de arcángel, y con trompeta de Dios" (1 Ts. 4: 16).

## REPENTINO E INESPERADO

Hablando acerca de la palabra "apocalipsis" o "el apocalipsis" del Señor, utilizada en el Nuevo Testamento para su Segunda Venida, el Dr. Geerhardus Vos dice que "la idea de que el regreso sea repentino e inesperado parece estar íntimamente asociada con [esta ] palabra" (*Pauline Eschatology*, p. 79). Es como si se echara repentinamente a un lado una cortina, revelándose al Señor de la gloria. Su venida será "como ladrón en la noche; que cuando digan, paz y seguridad; entonces vendrá sobre ellos destrucción repentina" (1 Ts. 5:2,3). El Salvador mismo dijo que su venida sería "como el relámpago" (Mt. 24:27): repentino y universalmente visible. Ninguno lo preverá y todos lo verán inmediatamente. ¡Qué advertencia debe ser esto para los pecadores descuidados y perezosos, profesantes pasivos de la religión!

### GLORIOSO Y TRIUNFANTE

A menudo, en el Nuevo Testamento, se dibuja el contraste entre los dos advenimientos de Nuestro Señor. Vino en el cuerpo de su humillación, pero vendrá en el cuerpo de su gloria (*cf.* He. 9:28). "Tomó la forma de siervo", pero cuando venga por segunda vez toda rodilla se doblará ante Él (Fil. 2:5-11). Vino para ser rechazado y muerto, pero vendrá "en su gloria, y en la del Padre y de los santos ángeles" (Lc. 9:22-26). Vino como niño, pero volverá como el Rey de reyes y Señor de señores, victorioso sobre todos sus enemigos (Ap. 12:5; 19:11-16).

Una de las palabras corrientes del Nuevo Testamento para la venida de Cristo sería más correctamente traducida por "llegada". Los escritores neotestamentarios reconocieron que Cristo ya había llegado, pero *"la llegada"* —la venida que haría época, la única completamente digna de ese nombre— pertenecía al futuro. Tenían una perspectiva intensamente anticipada: para ellos el acontecimiento trascendental era la venida del Señor.

Otra palabra para su Segunda Venida —"apocalipsis"— se utiliza de la misma manera, como si esta Segunda Venida, en vez de la Primera, fuese *el Apocalipsis* por excelencia.

Otro término más para esta Segunda Venida es "el día": "La noche está avanzada, y se acerca el día" (Ro.

13:12). Cuando Él venga, las tinieblas desaparecerán perpetuamente para los suyos, y el rescate, la alegría y la bendición serán la porción de los creyentes. De hecho, su Segundo Advenimiento se describe como "nuestra redención".

J.A. Bengel dice muy bien acerca de Hechos 1:11: "Entre su Ascensión y su Segunda Venida no hay ningún acontecimiento de la misma importancia; por tanto, estas dos se juntan. Entonces, como es natural, los Apóstoles [...] consideraron el día de Cristo como muy cercano. Y el que durante el período entero que va desde su Ascensión hasta su Advenimiento deba esperársele sin interrupción, concuerda con la majestad de Cristo".

Era característico de los santos del Antiguo Testamento el esperar la consolación de Israel; a saber, la Primera Venida de Cristo. *Ahora* "esto se fija como un gafete a la manga de cada creyente verdadero, quien anhela y espera la [Segunda] Venida de Cristo" (John Trapp). El Nuevo Testamento mantiene este gran acontecimiento constantemente ante nuestros ojos y lo recomienda a nuestra atención, para que seamos activos, serios, pacientes, alegres y santos.

# 2
# *"Pos-", "pre-", o "a-"*

POSMILENARISMO

El posmilenarismo enseña que la Segunda Venida de Cristo sucederá después del Milenio. El Reino de Cristo está ahora en existencia y extenderá sus fronteras gradualmente a través de la predicación del Evangelio. Al cierre de la dispensación del Evangelio habrá un período milenario cuando el cristianismo prevalecerá en la Tierra. La maldad, que irá avanzando junto con el bien hasta el Milenio, quedará restringida durante el mismo, y Satanás será atado. Al Milenio seguirá un rebrote de la maldad y un terrible conflicto final con las fuerzas del mal, encabezadas por Satanás, al cual sucederá la Segunda Venida de Cristo, la resurrección de todos los muertos y el Juicio Final.

Puede objetarse a este punto de vista —y nosotros sentimos que no le falta algo de fuerza a la objeción—, porque la Biblia no presenta la perspectiva de un mundo convertido antes de que el Señor venga. ¿Acaso no han de crecer juntos el trigo y la cizaña hasta la cosecha al final del mundo? Es más, no parece armonizar con la idea de un Milenio de justicia prevaleciente el que, al cierre del mismo, Satanás se encuentre dirigiendo a la batalla, desde los cuatro ángulos de la Tierra, a una hueste cuyo número es como la arena del mar (*cf.* Ap. 20:8). ¿De dónde iban a venir todos ellos si la justicia prevaleciera en un mundo convertido (*cf.* Lc. 18:8; 2 Ts. 2:1-12)?

### PREMILENARISMO

El premilenarismo sostiene que la Segunda Venida de Cristo no seguirá al Milenio sino que lo introducirá. El orden de eventos, según el premilenarismo común, es como sigue:

1. Un período de apostasía que precede a la venida del Señor.
2. El Señor vendrá en secreto, y resucitará a los santos muertos, arrebatándolos junto con los creyentes que estén vivos: un acontecimiento comúnmente llamado "el arrebatamiento secreto."
3. Sucederá al mismo un período de siete años de gran tribulación, cuando el Anticristo gobernará la Tierra.
4. Luego, Cristo aparecerá abiertamente en el cielo, se luchará la batalla de Armagedón y Jesús desbaratará al Anticristo y a las huestes del mal. Esto introducirá el Reino glorioso del Redentor en Jerusalén, y se restaurarán el Templo y el culto sacrificial.
5. Al final de los 1000 años, Satanás será soltado de nuevo y avivará la rebelión contra Dios. Su derrota absoluta irá seguida de la resurrección de los malos, su juicio y el estado eterno.

Hay premilenaristas que no aceptan el bosquejo anterior. No creen en un arrebatamiento secreto, y sí que la

Iglesia atravesará la Tribulación y estará en la Tierra durante el levantamiento y reinado del Anticristo. Este punto de vista premilenario, por consiguiente, rechaza la idea de una venida de Cristo en dos fases antes del Milenio, y sostiene que Cristo aparecerá abiertamente para arrebatar a sus santos, derrocar al Anticristo y establecer su Reino milenario en la Tierra. Este punto de vista puede afirmar que es el más antiguo de los dos premilenarios, ya que es similar a opiniones milenaristas sostenidas por algunos padres de la Iglesia primitiva.

Muchos premilenaristas sostienen que Cristo pensó en establecer el reino de su padre David cuando estuvo en la Tierra: un reino nacional. Pero ya que los judíos se negaron a arrepentirse, ese reino se pospuso hasta su Segunda Venida, cuando se levantará y reinará en Jerusalén. Este punto de vista está abierto a una objeción muy seria, pues tiende a desafiar la afirmación de Job cuando dice: "No es posible frustrar ninguno de tus planes" (Job 42:2, NVI). Se supone que Jesús hizo el ofrecimiento nacional de un reino terrenal a los judíos, mientras que Él no hizo tal cosa; de hecho, cuando ellos estuvieron dispuestos a hacerle rey, Él no quiso aceptarlo (*cf.* Jn. 6:15). Es más, esa idea hace del Reino una institución terrenal y nacional, mientras que el Nuevo Testamento predica únicamente un Reino espiritual y eterno de toda nación, tribu y lengua. Tampoco explica cómo los santos glorificados y las personas aún en la carne pueden vivir y convivir juntos durante esos 1000 años. En lugar de "las personas aún en la carne", podríamos haber dicho "los pecadores en la carne", porque aunque se supone que la justicia ha de prevalecer durante el Milenio, comoquiera, en su finalización, Satanás tiene que guiar a la batalla, de los cuatro ángulos de la Tierra, a una hueste cuyo número es como la arena del mar (*cf.* Ap. 20: 8). Y, por último, como declara Luis Berkhof, este punto de vista premilenario "erróneamente busca su apoyo principal en un pasaje (Ap. 20:1-6) que representa una escena en el Cielo y no hace mención alguna de los judíos, de un reino terrenal y nacional, ni de la tierra de Palestina".

La enseñanza del Nuevo Testamento no nos da dos, tres o hasta cuatro resurrecciones. El Nuevo Testamento habla una y otra vez de la resurrección de los justos y los impíos en un mismo pasaje. Habla de la venida del Señor como trayendo bendición a los suyos y, a la vez, "destrucción para el impío". El Salvador mismo enseñó la resurrección de su pueblo en "el día postrero" (Jn. 6:39,40,44,54; 11:24), en el mismísimo "día postrero" cuando el juicio vendrá sobre el malo (Jn. 12:48).

### AMILENARISMO

El amilenarista cree que "el pos-" y el "pre-" han errado interpretando que Apocalipsis 20 enseña 1000 años de bienaventuranza *terrenal* y que, en particular, el último lo ha hecho previendo una era cuyas alegrías son compartidas por los millares que rechazaron a Cristo, los cuales sobreviven a la Tribulación y el Advenimiento. Algunos posmilenaristas, como B.B. Warfield, están de acuerdo con la concepción amilenaria de Apocalipsis 20, pero en función de otras escrituras buscan una "edad dorada" antes de que Cristo venga.

El amilenarista no ve ninguna base en la Escritura para un Milenio antes de la venida del Señor, y sostiene que la posibilidad de un Milenio después de su llegada queda excluida por la enseñanza del Nuevo Testamento.

Está de acuerdo con el punto de vista "pre-" en que el mundo no se convertirá antes de la venida del Señor por la predicación del Evangelio; mientras que concuerda con la idea "pos-" en que la Segunda Venida traerá inmediatamente consigo el fin del mundo, el Juicio Final y el estado eterno.

El orden de los acontecimientos, según el amilenarista, es como sigue:

1. La Segunda Venida irá precedida por una apostasía extensa de la verdadera fe que tendrá su clímax en la aparición del Anticristo.
2. Esta rebelión final contra Cristo será sofocada cuando Él venga personalmente desde el Cielo para tomar para sí a los suyos: los creyentes que hayan muerto serán resucitados y los que estén vivos transformados.
3. En esta Venida, los impíos muertos se levantarán también para el Juicio. La Tierra y las obras que en ella hay serán quemadas en el fuego (*cf.* 2 P. 3), y aparecerán un nuevo cielo y una nueva Tierra en los cuales solo morará la justicia.

Todos estos puntos de vista los han sostenido hombres piadosos. El amilenarismo ha sido sostenido desde tiempos tempranos (*cf. Teología Sistemática* de Berkhof) y por N.B. Stonehouse y William Hendriksen en nuestros días; el posmilenarismo lo han sostenido ampliamente varios reformados ortodoxos, entre ellos John Bunyan y B.B. Warfield; y el premilenarismo nunca fue tan difundido como para asegurarse un lugar en los grandes credos de la Iglesia, sin embargo puede presentar a hombres consagrados como Andrew Bonar entre sus adherentes.

3

# *Los Padres y el Milenio*

El Dr. Charles Feinberg, uno de los últimos defensores del punto de vista premilenario, afirma como un hecho admitido que "la Iglesia temprana de los tres primeros siglos era casi unánimemente premilenarista" (*Pre-millennialism or A-millennialism*, pp. 27, 202). Los escritos de la Iglesia temprana se han traducido, y el lector ordinario puede remitirse a ellos y ver por sí mismo si esto es cierto. Debe ser de interés para nosotros saber lo que los hombres cercanos a los Apóstoles, en los días de la pureza primitiva de la Iglesia, enseñaron. Hombres como Clemente de Roma, quienes algunos consideran —sin bases sólidas— que fue el compañero y colaborador del apóstol Pablo mencionado en Filipenses 4:3, y Policarpo de Esmirna, un discípulo del apóstol Juan, que dijo haber conocido a aquellos que vieron al Señor.

## LOS PADRES APOSTÓLICOS

La *Primera Epístola de Clemente*, que a veces se fecha en 90 d. C. y otras tan tarde como 97 d. C. se tenía en muy alta estima en tiempos antiguos, y merecidamente. Clemente menciona la Segunda Venida y una resurrección futura, pero no indica rastro alguno de dos resurrecciones, ni de una resurrección de los justos solamente, ni de un Reino milenario en la Tierra.

La llamada *Segunda Epístola de Clemente* probablemente se escribió entre 120 y 140 d. C. Esta espera la Segunda Venida de Cristo, la resurrección, el Juicio y la vida eterna, pero no dice ni una palabra acerca del Reino milenario en la Tierra. El Reino que se espera no es cosa de la Tierra y el tiempo; en el mismo, las promesas están plenamente cumplidas: "cosas que ojo no vio, ni oído oyó, ni han subido en corazón de hombre".

*Policarpo* escribe (*c.* 110 d. C.) acerca de Cristo como sigue: "A Él todas las cosas en el cielo y en la Tierra están sujetas. A Él sirve cada espíritu. Él viene como el Juez de los vivos y de los muertos. La sangre de Cristo Dios la requerirá de aquellos que no creen en Él. Pero el que lo levantó de los muertos también nos levantará a nosotros". Policarpo parece esperar un juicio general en la Segunda Venida de Cristo. No dice ni siquiera una palabra acerca de un Reino milenario en la Tierra.

*Ignacio*, de cuya pluma tenemos un buen número de cartas escritas cuando estaba de camino a Roma para morir en el circo, se concentra mucho en la perspectiva gloriosa de la muerte de un mártir. Él escribe: "Estos son los últimos tiempos"; pero de los acontecimientos finales, no dice nada. De todos modos, el Dr. Feinberg no puede citarlo.

La *Didajé*, o *Enseñanza de los Doce Apóstoles*, es un manual de la Iglesia que se escribió muy temprano en el siglo II. A continuación presentamos lo que el capítulo 16 de la *Didajé* tiene que decir acerca del fin del mundo:

Velad; no permitáis que vuestras lámparas se apaguen ni permitáis que vuestros lomos se desaten, sino estad listos; porque no sabéis la hora en que Nuestro Señor vendrá [...]. En los últimos días se multiplicarán los falsos profetas y los destructores [...], porque cuando la iniquidad aumente, ellos se odiarán y perseguirán y entregarán unos a otros; y entonces aparecerá el engañador del mundo, como hijo de Dios, y hará señales y maravillas, y la tierra se entregará en sus manos, y él cometerá iniquidades que nunca han sucedido desde el principio del mundo [...]. Y entonces la raza de los hombres entrará en el fuego de prueba, y muchos se ofenderán y perecerán; pero los que perseveren en su fe se salvarán de la maldición misma. Y entonces aparecerá la señal de la Verdad: primero la señal de la apertura en el cielo; luego la voz de la trompeta; y en tercer lugar, la resurrección de los muertos. Sin embargo, no de todos, sino como se dijo: "El Señor vendrá y todos sus santos con Él". Entonces el mundo verá al Señor viniendo en las nubes del cielo.

Este pasaje enseña la venida de un Anticristo personal, y lo llama "el engañador del mundo". La tribulación bajo su mandato no es exclusivamente contra los judíos ni contra los "santos de la tribulación" —como suelen sostener los premilenaristas—, sino para toda "la raza de los hombres". Es más, no hay ningún rastro de "arrebatamiento secreto" antes de que dicha tribulación empiece.

Se insta, sin embargo, que hay una distinción entre la resurrección de los santos y aquella de los pecadores, y los premilenaristas se apresuran a insertar sus 1000 años entre las dos. No han entendido cuál es la cuestión. La cuestión es que la resurrección de los santos constituye la última señal que precede a la venida del Señor. A esta idea se adhieren algunos amilenaristas. Por ejemplo, Geerhardus

Vos, en su libro *Pauline Eschatology*, dice acerca de 1 Corintios 15: 23,24 que "un breve intervalo por lo menos en la concepción lógica debe asumirse entre la resurrección de los creyentes y el fin"; pero el Dr. Vos pasa inmediatamente a insistir en que, por ningún motivo, esto abre la puerta a un período redondeado de 1000 años.

La *Didajé* no contiene ninguna referencia a un Milenio terrenal. Si el escritor hubiera creído en uno, muy probablemente lo habría dicho. ¿Quién ha encontrado jamás a un premilenarista que dejara de mencionarlo? Este es parte importante de su sistema, y lo más probable habría sido que se refiriera a él.

La *Epístola de Bernabé* se fecha en la primera mitad del siglo II. Se ha apelado a este documento como premilenarista. La cita siguiente no parece indicar tal cosa: "El Señor juzgará al mundo sin acepción de personas y cada uno recibirá conforme a lo que haya hecho: si es justo, su rectitud le precederá; si es malo, la recompensa de la maldad irá delante de él". Esto parece ser un Juicio general. Asimismo: "El día está próximo en que todas las cosas perecerán con el Maligno. El Señor está cerca, y su galardón". También insta a sus lectores a inquirir lo que el Señor pide de ellos, y les dice: "[Que] lo hagáis para que podáis estar seguros en el Día del Juicio". El bosquejo histórico de Bernabé se basaba en la semana de creación que aparece en Génesis 1. La expresión "Él terminó en seis días" quiere decir que "el Señor terminará todas las cosas en 6000 años". La expresión "Él descansó en el séptimo día" contiene el significado profético de que Cristo, viniendo de nuevo, "destruirá el tiempo del hombre malo y juzgará al impío, y cambiará el Sol y la Luna y las estrellas, [y] entonces descansará verdaderamente en el séptimo día".

Los premilenaristas entienden este séptimo día como

una referencia al Milenio, ¿pero qué premilenarista está deseoso de admitir que el Milenio se introduce con el juicio del impío como lo declara Bernabé? Según la *Epístola de Bernabé*, el séptimo día no vendrá hasta que "la maldad no exista, y todas las cosas hayan sido hechas nuevas". El octavo día es "el principio de otro mundo", pero toda la distinción parece desvanecerse entre el séptimo y el octavo días, cuando Bernabé dice que el Señor, al dar reposo a todas las cosas (lo cual sucederá en el séptimo día) "hace del octavo día el principio; es decir, el principio de otro mundo".

Está claro, de todos modos, que Bernabé excluye la posibilidad de un Milenio terrenal en el cual los hombres inconversos vayan a estar bajo el reinado de Cristo. Queda perfectamente claro que él mismo, como todos los demás de su tiempo, sostiene que los cristianos y no los judíos son los herederos del pacto. Es interesante señalar que D.H. Kromminga, un premilenarista, da por sentado que "Bernabé era lo que nosotros llamamos hoy día un amilenarista" (*Millennium in the Church*, p. 33).

La pequeña pero hermosa *Epístola a Diogneto* habla de un Reino futuro, pero está en el Cielo, y se dará a aquellos que aman a Cristo.

En su *Historia Eclesiástica*, Eusebio, el sabio historiador del siglo IV, relata una tradición difundida por un escritor eclesiástico de distinguido rango: *Hegesipo*. Esta tradición se refiere a dos miembros "de la familia de Nuestro Señor, los nietos de Judas, el hermano de Nuestro Señor", a los que se señaló como de la familia de David, y los rumores de la existencia de miembros de ese linaje real alarmaron al emperador Domiciano (81-96 d. C.). Así que los trajeron ante él, y él les preguntó si eran de la raza de David y qué propiedades y dinero tenían.

Aunque del linaje davídico, ellos poseían solo un pedazo de tierra de 16 hectáreas. Mostraron sus manos encallecidas como evidencia de su trabajo. Cuando se les interrogó acerca del Reino de Cristo, y cuándo y dónde aparecería, dijeron "que [este] no era un reino temporal o terrenal, sino celestial y angélico; que aparecería al final del mundo, cuando, entrando en la gloria, Él juzgaría a los vivos y a los muertos, y daría a cada uno según sus obras". Estos dos varones de Dios de finales del siglo I ciertamente no creían en un Reino milenario terrenal.

En la primera mitad del siglo II hay solo dos personajes a quienes podemos señalar con alguna certeza que hayan sostenido la creencia de un Reino futuro de Cristo en la Tierra durante 1000 años: Papías y Justino Mártir (sin olvidar, por supuesto, al hereje Cerinto).

Estamos en deuda con Ireneo y Eusebio por algunos fragmentos de escritos atribuidos a Papías. *Papías* describe en lenguaje extravagante la productividad mil veces mayor a la actual de la Tierra durante el Milenio. Eusebio dice que Papías transmitió "ciertas parábolas extrañas de Nuestro Señor y de su doctrina y algunas otras materias demasiado fabulosas. En estas él [Papías] decía que habría un cierto Milenio después de la resurrección, y un Reino corpóreo de Cristo en esta misma Tierra; cosas que parece haber imaginado como autorizadas por las narraciones apostólicas, no entendiendo correctamente [...], porque estaba muy limitado en su comprensión, como es evidente por sus discursos". Al parecer Eusebio no tiene un concepto favorable de los puntos de vista premilenaristas de Papías. Fue debido a Papías —según Eusebio— que Ireneo y muchos otros "se dejaron arrastrar por una opinión similar".

Cuando *Justino Mártir* está hablando del Reino que los cristianos esperan, niega que sea un reino humano: "Usted supone que nosotros hablamos de un reino humano, mientras que hablamos de aquel que está con Dios". Justino hace referencia a un Juicio general en la Segunda Venida de Cristo, cuando la muerte "abandonará a aquellos que creen en Él y no será más; cuando algunos serán enviados para ser castigados incesantemente en el juicio y la condenación de fuego, pero otros existirán libres del sufrimiento, de la corrupción y del pesar, y en la inmortalidad".

De estas declaraciones podríamos deducir que no hay espacio alguno para un Milenio terrenal en su enseñanza, sin embargo, de manera inconsecuente, dice en otra parte que habrá una resurrección de los muertos y 1000 años en Jerusalén durante los cuales el Templo será edificado, adornado y agrandado nuevamente; y que "después de esto, la resurrección general y, en resumen, eterna, y el juicio de todos los hombres sucederían también". El Milenio de Justino no reservaría ningún lugar especial para el judío, porque expresa una y otra vez que los cristianos son "la verdadera raza israelita". Nos dice que él y otros cristianos bien enseñados en todos los puntos sostienen esta noción de un Milenio, pero admite que "muchos que pertenecen a la pura y pía fe, y son verdaderos cristianos, piensan de otro modo".

Papías y Justino son, entonces, los únicos dos escritores de los primeros 60 años del siglo II que pueden con certeza llamarse premilenaristas, y Justino es decididamente inconsecuente. Otros excluyen el premilenarismo definitivamente por sus declaraciones. Los primeros dos volúmenes de la *Biblioteca de los Padres Ante-Nicenos* contienen 950 páginas, pero los índices dan solo dos referencias bajo la palabra "milenio": las declaraciones de Papías y de Justino.

## LA IGLESIA CATÓLICA ANTIGUA

Pasemos ahora de los Padres Apostólicos a la Iglesia católica antigua (150-250 d. C.). A este período el Dr. Shedd lo llama "la edad florida del milenarismo". Él sostiene, sin embargo, que aun en este momento "no llega a ser la fe católica como la contiene el credo católico". El *Credo de los Apóstoles* en sus formularios más tempranos nos llega de ese tiempo y, según el mismo, no hay ningún advenimiento corporal de Cristo a la Tierra, después de su ascensión a lo Alto, hasta que deje su sesión con el Padre y venga directamente "de allí" para el Juicio Final.

*Ireneo* (*c.* 180 d. C.) enseñó un Milenio terrenal, pero un Milenio cuyos beneficios eran exclusivamente para los salvados y en el que el malo y los no regenerados no tenían parte alguna, y habla de opositores a sus puntos de vista milenarios que sostenían la fe católica.

Los montanistas, una de las sectas más extravagantes, floreció al final del siglo II y principio del siglo III. Predicaban la proximidad del Reino milenario.

Una de sus profetisas principales, Maximila, dijo: "Después de mí ya no hay más profecía, sino solo el fin del mundo". La Nueva Jerusalén había de descender en el pueblo de Pepuza, Frigia. Los montanistas fueron los premilenaristas más efusivos de la Iglesia antigua, y a través de ellos ese punto de vista se extendió ampliamente.

*Cayo* de Roma atacó a los montanistas, ¡y llegó a atribuir el premilenarismo en su origen al hereje Cerinto! *Hipólito*, el miembro más sabio de la iglesia en Roma a principios del siglo III, también se opuso a los montanistas. Escribió un tratado acerca del Anticristo: *Cómo él avivará la tribulación y la persecución contra los santos*. Según Hipólito, la Iglesia atravesará la tribulación bajo el Anticristo y con "el mundo entero finalmente acercándose a la consumación, qué queda sino la venida de Nuestro Señor y Salvador Jesucristo del Cielo, a quien hemos esperado expectantes, el cual traerá la conflagración y el justo juicio sobre todos aquellos que se han negado a creer en Él". Cuando Cristo venga —dice Hipólito—, lo terrenal pasará "para que el Reino eterno e indestructible de los santos pueda aparecer". Cuando Él venga, destruirá a sus enemigos y dará a sus santos el Reino eterno. En vista de esta manera de enseñar, Hipólito no puede considerarse un premilenarista.

El siglo III fue testigo de una oposición muy decidida a la creencia en un Milenio terrenal. Orígenes argumentó contra tal creencia, y sus argumentos, a la larga, obtuvieron una victoria completa. En el siglo IV, Lactancio fue el único hombre de reputación que aún sostenía ese sistema. Atanasio, el gran defensor de la doctrina de la deidad de Cristo contra los arrianos, habla de Cristo que viene a juzgar al mundo: los buenos recibirán entonces el Reino celestial y los malos serán arrojados al fuego eterno. Esta es su simple declaración de la doctrina del regreso del Señor.

Agustín (354-430 d. C.), uno de los más grandes hombres de la Iglesia cristiana de todos los tiempos, adoptó el premilenarismo al principio, pero lo dejó después por considerarlo "carnal". Agustín —dice S.J. Case— derribó "el fantasma del [pre-]milenarismo tan eficazmente que durante siglos el asunto quedó prácticamente en el olvido".

4

# *Los Reformadores y el Milenio*

Exponiendo Apocalipsis 20, Agustín explicó la atadura de Satanás como el cumplimiento de las palabras de Jesús: "Ninguno puede entrar en la casa de un hombre fuerte y saquear sus bienes, si antes no le ata, y entonces podrá saquear su casa". Consideraba el reinado de los santos con Cristo como una realidad presente, y la Iglesia adoptó sus puntos de vista de una manera muy generalizada en los siglos subsiguientes. Durante la Edad Media, según el Dr. Shedd, apenas puede decirse que el milenarismo existiera como doctrina. Hacia el final del primer milenio de nuestra era había, citando a Shedd, "un miedo indefinido y una expectativa ampliamente extendida entre las masas de que el año 1000 sería testigo del advenimiento del Señor". Esto no se debía a creencias premilenarias, sino a una noción ampliamente sostenida de que los 1000 años mencionados en Apocalipsis 20 habían comenzado con el primer advenimiento de Cristo y que el establecimiento de la Iglesia cristiana era "la primera resurrección". Así que ellos esperaban que el año 1000 d. C. fuera el cierre final de la Historia. Pero el año 1000 d. C. pasó, y aquellos que habían estado tirando sus tesoros y abandonado sus propiedades como cosas sin valor, se fueron al extremo opuesto de erigir estructuras monumentales, como si el mundo presente fuese a durar para siempre.

Cuando llegó la Reforma, los milenaristas aparecieron de nuevo. El Milenio era un artículo de fe de cierta secta anabaptista salvaje y feroz a cuya enseñanza los Reformadores se enfrentaron decididamente. La Confesión de Augsburgo, escrita por Melanchton, aprobada por Lutero y entregada al Emperador y los gobernantes de Alemania como confesión de la fe protestante, condenaba el milenarismo como una "opinión judía", rechazándolo junto con la otra noción anabaptista de un castigo futuro limitado. La "Confesión [inglesa] de Eduardo VI", de la cual los Treinta y Nueve Artículos de la Iglesia de Inglaterra fueron condensados después, también condena el milenarismo en estos términos: "Aquellos que intentan reavivar la fábula de los milenaristas se oponen a las Sagradas Escrituras y se sumergen de cabeza en las absurdidades judías". Calvino muestra su desprecio por las ideas premilenaristas cuando dice, en el capítulo de su *Institución* titulado "La Resurrección Final", que Satanás se ha esforzado en adulterar la doctrina de la resurrección de los muertos con varias ficciones, y agrega: "No expondré aquí que ya en tiempo de san Pablo procuró Satanás destruirla. Pero poco después surgieron los quiliastas, que señalaron al Reino de Cristo el término de1000 años. Este desvarío está tan fuera de camino, que no merece respuesta".

La Confesión Belga, que se adoptó ampliamente en Holanda, Bélgica y Alemania, protege la declaración del

Segundo Advenimiento de Cristo enseñando que el tiempo de su acontecimiento es desconocido para todos los seres creados, y que no tendrá lugar *hasta que el número de los elegidos esté completo*. Esta es una forma de protegerse contra uno de los peores rasgos del bosquejo premilenarista; a saber, que habrá personas salvadas *después* de que Cristo venga por los suyos.

La Segunda Confesión Helvética, que se adoptó en Suiza y también en Escocia, Hungría, Francia, Polonia y Bohemia, habla en términos muy fuertes: "Nosotros rechazamos los sueños judíos de que habrá, antes del Día de Juicio, una edad dorada en la Tierra, y que los piadosos tomarán posesión de los reinos del mundo después de que sus enemigos, los impíos, hayan sido sometidos". Esta Confesión pasa luego a citar la Escritura en contra esos "sueños judíos". Cuando los hombres de la Reforma volvieron a la Palabra de Dios, no encontraron en ella ningún milenarismo.

Veamos, en último lugar, el Catecismo Mayor de la Asamblea de Westminster:

> Hemos de creer, que en el último día habrá una resurrección general de los muertos, tanto de los justos como de los impíos; cuando los que se encuentren vivos entonces serán transformados en un momento; y los cuerpos mismos de los muertos que fueron puestos en la tumba, entonces, siendo unidos de nuevo para siempre con sus almas, serán resucitados por el poder de Cristo. Los cuerpos de los justos, por el Espíritu de Cristo y en virtud de la resurrección de Él como su Cabeza, serán resucitados en poder, espirituales, incorruptibles y hechos semejantes a su cuerpo glorioso; y los cuerpos de los injustos serán resucitados por Él, como Juez ofendido, para deshonra.
>
> Inmediatamente después de la resurrección vendrá el Juicio

> general y final de ángeles y hombres; el día y la hora del cual ningún hombre sabe, para que todos puedan velar y orar y estén en la vida listos para la venida del Señor (Resp. 87 y 88).

Los teólogos de Westminster apoyan esta declaración con una serie convincente de pruebas de la Escritura.

La posición protestante histórica no es milenarista. Antes bien, insiste en que la Segunda Venida de Cristo será el signo que anuncie el Juicio final y general.

5

# *La interpretación de la profecía del Antiguo Testamento*

El profeta era un maestro autorizado e infalible de la voluntad de Dios. La idea común de que los profetas predecían el futuro es incorrecta. Ciertamente estos hicieron predicciones de cosas que habían de venir, pero ello a veces suponía una parte comparativamente pequeña de su trabajo. Un profeta era alguien que hablaba por Dios, y ese hablar incluía lecciones de verdad y deber, de fe y esperanza para el presente, y la interpretación del pasado, así como la predicción del futuro. Esto es evidente si nosotros consideramos los escritos de Oseas, Jeremías, Ezequiel o cualquiera de los profetas. Pero en nuestra discusión presente vamos a tomar la palabra "profecía" en su sentido más limitado de predecir el futuro.

Hemos observado en el capítulo 2 que los posmilenaristas que esperan un mundo convertido antes de la venida del Señor (es justo decir que hay posmilenaristas que no lo hacen) no están sobre tierra firme, y que la perspectiva premilenarista de un Milenio de bienaventuranza terrenal después de la venida de Cristo queda definitivamente excluida por el Nuevo Testamento. Aquellos que sostienen este último punto de vista —que habrá un milenio de bienaventuranza terrenal después de la venida del Señor— piensan que están en una posición muy fuerte cuando apelan al Antiguo Testamento. Por otro lado, ese gran estudioso del Antiguo Testamento, Robert Dick Wilson, de Princeton, decía a algunos de sus alumnos —de quienes el autor era uno—, que las profecías del Antiguo Testamento, en lugar de favorecer la perspectiva premilenarista, estaba absolutamente en contra de ella. Un estudio de la profecía del Antiguo Testamento —en particular de parte del libro de Ezequiel—, junto con un nuevo estudio de las Escrituras del Nuevo Testamento acerca de la Segunda Venida, obligó a este autor a abandonar la postura premilenarista.

### PERSPECTIVA LITERALISTA: EXTRAVAGANTE Y ABSURDA

Los premilenaristas son normalmente muy literalistas en su visión de la profecía del Antiguo Testamento. Derivan de dicho literalismo la noción de que Cristo reinará visiblemente y personalmente en un trono en Jerusalén sobre un Israel restaurado a Palestina, su Reino se extenderá sobre las naciones gentiles con el judío, sin embargo, sobre todas ellas (Is. 60:1-22), pero con las demás naciones prestando solo una obediencia fingida a su autoridad. Durante ese tiempo, habrá gente con cuerpos mortales que vivirá en casas, comerá de viñas físicas, engendrará y criará niños, estará sujeta a la enfermedad y la muerte —aunque no en el mismo grado que en la actualidad (Is. 65:20,21)—; el Templo y su culto se restaurarán, ofreciéndose sacrificios sangrientos como ofrendas por el pecado para hacer expiación por el pueblo (Ez. 45:17); los sacerdotes del Templo enseñarán la diferencia entre las cosas limpias y las cosas inmundas (Ez. 44:23); las tribus de la Tierra subirán anualmente a Jerusalén para celebrar la fiesta de los Tabernáculos; Cristo entrará en el Templo por la puerta oriental mientras los sacerdotes preparan su holocausto y ofrenda de paz (Ez. 46:2); y la circuncisión deberá ser practicada de nuevo bajo el reinado de Jesús (Ez. 44:9).

La profecía del Antiguo Testamento lleva en sí misma una advertencia contra tal literalismo. Dios dijo que hablaría a los profetas del Antiguo Testamento mediante sueños, visiones y dichos oscuros (Nm. 12:6-8; Os. 12:10). Así que nosotros podemos prepararnos para verlos utilizar un discurso figurativo y un lenguaje enigmático. La primerísima profecía (Gn. 3:15) se presenta en lenguaje velado y misterioso. Hace uso de tropos. Como dijo Lutero: "Abraza y comprende dentro de sí misma todo lo noble y glorioso que se pueda encontrar en cualquier parte de las Escrituras". Habla de victoria sobre la serpiente bajo la figura de una herida infligida en su cabeza. Isaías se refiere al destronamiento del Diablo —la serpiente— imaginándoselo como alimentándose de polvo, y a un niño metiendo la mano en su guarida. Y Juan retrata a Satanás como atado con una cadena. Tanto Génesis e Isaías como el Apocalipsis hablan con una misma voz y nos presentan una verdad gloriosa bajo estas imágenes.

Otra profecía temprana dice: "Engrandezca Dios a Jafet, y habite en las tiendas de Sem, y sea Canaán su siervo" (Gn. 9:27). ¿Se refiere este texto a Dios o a Jafet? Y si es a Jafet, ¿habitará en las tiendas de Sem como conquistador, como súbdito o como amigo? ¿Y de quién será siervo Canaán, de Jafet o de Sem? El habitar en las tiendas de Sem se refiere en última instancia a la recepción de los gentiles, como los judíos, en el redil de Cristo, pero el lenguaje es enigmático y un literalismo estricto nos hubiera desviado.

Cuando Ezequiel habla del pueblo restaurado a su propia tierra, nos da claras indirectas de que no debemos tomar esto literalmente. Dice el Profeta: "Mi siervo David será rey sobre ellos" (Ez. 37:24). Si tomamos esto literalmente, entonces David debe resucitar de los muertos para alimentar a la casa entera de Israel y gobernar sobre ellos: David, y no Cristo. No basta con que los literalistas digan que David es aquí el David divino, Cristo mismo. Tienen que ser literalmente coherentes.

Cualquiera que se ocupe en comprobar las medidas dadas por Ezequiel del Templo restaurado, la ciudad y las divisiones del territorio entre las tribus, descubrirá que estas no caben en la Palestina literal, y que —pesadas en la balanza del literalismo— implican la anomalía de que el agua fluya hacia arriba. No basta con responder a esto que todas las cosas son posibles para Dios. Dios, en su Libro, nos exige una y otra vez que creamos cosas que sobrepasan la razón, pero nunca algo que es contrario a la misma.

Ezequiel, en los capítulos 38 y 39, nos habla de Gog y de todas sus hordas, y de la mucha gente que viene con él contra Israel y cubre la Tierra como una nube. Gog resulta completamente derrotado. Le lleva a todo Israel siete años el quemar la madera de sus armas, y todo Israel está ocupado durante siete meses enterrando los muertos. Si tomamos esto literalmente, en una estimación moderada, ello implicaría un conjunto de 360 millones de cadáveres. Piensa entonces en los vapores pestilentes que se levantarían, el hedor bajo el Sol oriental, mientras tales masas de muertos esperaran su entierro. Como lo expresa Patrick Fairbairn: "¿Quién podría vivir en tal momento? Desafía a todas las leyes de la Naturaleza [...]; insistir en esa descripción entendiéndola al pie de la letra es hacerla ocupar un lugar entre los relatos románticos más extravagantes o las leyendas más absurdas del catolicismo" (*Ezekiel*, p. 423). El número de "siete años" y "siete meses" es sin duda simbólico: siete es el número de la perfección, y lo que se acentúa con el mismo es el desbaratamiento completo de la multitud de los enemigos del pueblo de Dios.

Cuando Isaías nos dice que "el monte de la casa de Jehová será confirmado como cabeza de los montes y será exaltado sobre los collados", una interpretación literal implicaría que el monte del Templo en Jerusalén se haría más alto que las montañas del Himalaya. La explicación simple, sin embargo, es que esta exaltación hace mucho tiempo que sucedió: cuando Cristo apareció en la carne, y la gloria del Templo al que vino subraya que todo lo que era grande en el mundo se volvió insignificante en comparación (*cf.* Hag. 2:9).

Los literalistas a menudo exaltan las llamadas promesas incondicionales y perpetuas de la tierra hechas a Israel, y al trono del linaje de David. Deberían recordar, sin embargo, que Dios dijo a una generación de Israel con respecto a la posesión de la tierra: "Conoceréis mi castigo" (*cf.* 1 S. 2:30). De hecho —como lo expresa Fairbairn—, solo podría esperarse que las promesas se cumplieran mientras la Iglesia (del Antiguo o el Nuevo Testamento) fuera fiel a su profesión (*cf.* Jer. 18:9,10). Si era infiel y desobediente, entonces Israel se convertiría en "príncipes de Sodoma y pueblo de Gomorra" (Is. 1:10), y en "hijos de los etíopes" (Am. 9:7). Acerca de la promesa de que no faltaría un hombre de su linaje para sentarse sobre su trono, David sabía bien que dicha promesa tenía un lado condicional. En su lecho de muerte, citó la palabra del Señor que había recibido: "*Si* tus hijos guardaren mi camino [...] jamás faltará a ti varón en el trono de Israel" (1 R. 2:4).

Hay profecías del Antiguo Testamento que se cumplieron al pie de la letra en la Primera Venida de Cristo. Hay otras que hablaban literalmente de que sus orejas serían perforadas (Sal. 40:6, traducción literal), de su hundimiento en aguas profundas, de perros que le habían de rodear y de ser escuchado desde los cuernos de los búfalos (Sal. 22:21, traducción literal). Los literalistas estrictos deben sostener que estas profecías han de cumplirse aún, y que el Señor ha de sufrir más humillación todavía.

### PERSPECTIVA LITERALISTA: SE CONTRADICE A SÍ MISMA

Hemos mostrado que la perspectiva literalista de la profecía del Antiguo Testamento conduce a mucho que es extravagante y absurdo; ahora mostraremos que también lleva a la autocontradicción. Ezequiel dice cuatro veces que en el día en que Israel sea restaurada, el oficio de sacerdote se reservará exclusivamente para los hijos de Sadoc (Ez. 40:46; 43:19; 44:15; 48:11); Jeremías declara que en aquel entonces todos los levitas serán sacerdotes (Jer. 33:18); mientras Isaías afirma que Dios tomará sacerdotes y levitas de todas las naciones (Is. 66:20,21). ¿Cómo pueden los literalistas explicar esto?

La perspectiva literalista no solo hace que un profeta del Antiguo Testamento contradiga a otro, sino también que el Antiguo Testamento contradiga al Nuevo. Ezequiel habla del Templo reconstruido y de sacrificios por el pecado. Según el premilenarista, habrá sacrificios de nuevo durante el Milenio. Las Notas de Scofield dicen: "Indudablemente estas ofrendas serán conmemorativas"; es decir, solo conmemorativas del gran sacrificio de Cristo en la Cruz. Esto no es suficiente, sin embargo, porque Ezequiel llama a los sacrificios "holocaustos" por el pecado y los describe como "haciendo la expiación". Ahora bien, el Nuevo Testamento insiste en que el sistema entero de ordenanzas carnales fue abolido por ser débil e inútil (He. 7:18; 2 Co. 3:11). El acta de los decretos fue clavada para siempre en la Cruz. De la Ley ritual y de los sacrificios podemos decir, con Martín Lutero, que "como Moisés está muerta y enterrada, y que no sepa ningún hombre el lugar de su sepultura". "Un Templo con los sacrificios sería ahora el rechazo más atrevido del todo-suficiente sacrificio de Cristo, y de la eficacia de la sangre de su expiación. El que sacrificaba antes, confesaba al Mesías; el que sacrificase ahora, le negaría del modo más solemne y sacrílego" (*Structure of Prophecy* de Douglas, citada en *Ezekiel* de Fairbairn, p. 442). Podemos agregar que cuando Jesús dijo: "Mas la hora viene, y ahora es, cuando los verdaderos adoradores adorarán al Padre en espíritu y en verdad", hizo doblar las campanas para siempre por todo culto meramente localizado.

Si aún estás confuso porque las profecías de la reconstrucción del Templo y la restauración de Israel a la tierra parecen, a primera vista, literales, hazte esta pregunta: si los profetas hubieran hablado de la Iglesia neotestamentaria, no bajo las figuras del Antiguo Testamento, sino en los términos de la gracia y la verdad del Nuevo, ¿acaso les habrían entendido? Si ellos hubiesen anunciado las glorias de la persona de Cristo, no utilizando las figuras de la tierra, el Templo y los sacrificios, sino con la riqueza y plenitud del lenguaje neotestamentario, eso no habría significado nada, ni habría transmitido nada, a los santos del Antiguo Testamento. Estos no hubieran podido soportar tal exceso de luz. Recordemos que cuando Cristo vino, hasta a sus propios discípulos escogidos les fue muy difícil entender, y que Él les dijo: "Aun tengo muchas cosas que deciros, pero ahora no las podéis sobrellevar". Solo mediante cosas conocidas, como la tierra, el Templo y los sacrificios, pudieron los profetas anunciar lo desconocido. Las bendiciones que habían marcado el pasado serían más plenamente la porción del Israel de Dios bajo el Nuevo Pacto. Así que el reino de David, que había traído bendición y liberación a Israel, se utiliza para prefigurar una liberación mayor: "Mi siervo David será príncipe entre ellos". Los males que les sobrevinieron por sus pecados bajo el Antiguo Pacto se quitarían bajo el Nuevo. Uno de los más grandes males de los tiempos del Antiguo Testamento fue la división entre Israel y Judá. Así que los tiempos benditos del Nuevo Testamento se nos describen bajo la figura de la reunificación de ambas. ¿No era el Antiguo Testamento una dispensación típica?

Dicho sea de paso, cabe señalar que aun en el Nuevo Testamento no se evita el lenguaje judío tradicional acerca del Reino de Dios. Al concluir Hechos, por ejemplo, la fe de Pablo en Cristo que le había causado prisiones se describe como "la esperanza de Israel" (Hch. 28:20). Expresiones del Antiguo Testamento como "la consolación de Israel", "la redención de Israel" y "la restauración del reino a Israel", se emplean con referencia tanto a gentiles como a judíos (*cf.* Lc. 2:25,32).

Los profetas hablan frecuentemente de los juicios contra Edom, Filistea, Asiria, etc. El literalista sostiene que estos juicios son aún futuros. ¿Pero dónde están ahora los idumeos, los filisteos o los asirios? ¿Quién puede encontrarlos? Zacarías predijo que las familias de David, Natán y Simei llorarían, cada familia aparte (Zac. 12:12-14). El literalista sostiene que esto está todavía por venir, pero nadie sobre la faz de la Tierra hoy puede establecer la descendencia de cualquiera de estos.

Cuando consideramos los cuadros vívidos del futuro, dibujados a menudo con detalles circunstanciales por los profetas, haríamos bien en recordar la condición de estos. Ellos normalmente profetizaban en un éxtasis. Su estado era sobrenatural (*cf.* 1 S. 10:10-12). Sus facultades mentales no quedaban en suspenso, pero, como Pablo cuando fue arrebatado al tercer cielo, no podían decir si estaban en el cuerpo o fuera del cuerpo. En los Profetas nosotros leemos una y otra vez tales frases como: "Yo estaba en el Espíritu y oí"; "la mano de Jehová era fuerte sobre mí"; "el Espíritu de Jehová vino sobre mí". Debemos tener cuidado de no tomar lo que ellos vieron en un estado sobrenatural con un literalismo estricto. Pedro, estando en un éxtasis, tuvo una visión: un lienzo, y en este animales inmundos, cuadrúpedos terrestres y pájaros. Al principio, el Apóstol adoptó un punto de vista muy literal de lo que había visto, pero después llegó a comprender que su importancia era espiritual. Cuando la mano de Jehová fue muy fuerte sobre Ezequiel, y se le dijo que se acostara sobre su lado durante 390 días y que comiera comida cocida con excremento humano, debemos tener cuidado de no hacer una lectura demasiado literal de ello. Así también, cuando Dios le dijo a Oseas que tomara una mujer fornicaria —una ramera—, si nosotros interpretásemos esto literalmente, pondríamos una mancha en el carácter del Dios bueno y santo. Como dice Juan Calvino, si Oseas se hubiera casado de veras con una mujer como se describe, tendría que haberse escondido toda su vida en vez de haber asumido el oficio de profeta.

Interpretar las profecías del Antiguo Testamento con

un literalismo uniforme, como tantos intentan hacer, es convertir en una piedra lo que el Señor quiso que fuera pan.

6

# *La interpretación en el Nuevo Testamento de la profecía del Antiguo*

Se objeta a la postura amilenarista que no hace el debido caso de la profecía del Antiguo Testamento. Nosotros contestamos que el objetor no presta la debida atención a la interpretación dada en el Nuevo Testamento de la profecía del Antiguo. Los escritores neotestamentarios toman profecías que, desde el punto de vista del literalista, tienen que ver solo con Israel y las aplican a la Iglesia del Nuevo Testamento.

## LAS PROFECÍAS DEL ANTIGUO TESTAMENTO APLICADAS A LA IGLESIA

Tenemos que insistir aquí en que en tiempos del Antiguo Testamento había una Iglesia, y que los creyentes del Antiguo y Nuevo Testamentos forman una sola Iglesia —el mismo olivo (Ro. 11)—, redimidos por la misma sangre preciosa y nacidos del mismo Espíritu; y también que los profetas del Antiguo Testamento señalan directa y definitivamente a la Iglesia neotestamentaria. La opinión de la mayoría de los premilenaristas es que el llamamiento de la Iglesia del Nuevo Testamento quedó oculto para los profetas del Antiguo (este es el punto de vista de la Biblia de Scofield). Nos piden que creamos que los profetas, que tan claramente describían a la Persona, el oficio y la obra del Mesías, dejan "aquel sumamente grande fenómeno complementario —el surgimiento y avance de la santa Iglesia por todo el mundo— sin mención alguna en la página profética". Nos piden que creamos que Cristo vino a establecer un Reino visible en esta Tierra, pero ya que los judíos no tuvieron a bien aceptar dicho Reino en las condiciones de Cristo, el ofrecimiento fue retirado y el Reino se pospuso hasta su Segundo Advenimiento. Durante el intervalo entre ambos advenimientos, Cristo estableció su Iglesia, que no es en ningún sentido, según dicen, el cumplimiento de las promesas y profecías del Antiguo Testamento, sino algo novedoso y desconocido para los profetas: un "paréntesis" de ya más de 2000 años de los cuales ninguna palabra dice claramente la profecía del Antiguo Testamento. Esta es la opinión de H.A. Ironside, quien afirma que "el reloj profético se detuvo en el Calvario. Ni un tictac se ha oído después del mismo".

Pero, a nuestro parecer, decir que los profetas del Antiguo Testamento no hablan de la Iglesia cristiana es ultrajante, en vista de los muchos pasajes del Nuevo Testamento, como Romanos 9:24-26, donde tenemos la declaración de Pablo de que el llamamiento de judío y gentil en la Iglesia cristiana es el cumplimiento directo de una profecía de Oseas. En Hechos 26:22, Pablo testifica que no había dicho "nada fuera de las cosas que los profetas y Moisés dijeron que habían de suceder". En Hechos 2, Pedro afirma que ahora (en estos tiempos del Evangelio) se está cumpliendo una profecía de Joel. Refiriéndose al derramamiento del Espíritu Santo, dice: "Esto es lo dicho por el profeta Joel: "Y en los postreros días, dice Dios, derramaré de mi Espíritu sobre toda carne". Evidentemente el reloj profético sigue haciendo tictac todavía.

Un sinfín de veces hemos oído a los premilenaristas mofarse de los encabezamientos de los capítulos de nuestra Versión Autorizada (Rey Jacobo), como:

Isaías 30 - "Las misericordias de Dios hacia su Iglesia"
Isaías 34 - "Dios se venga de los enemigos de su Iglesia"
Isaías 43 - "Dios consuela a la Iglesia"
Isaías 44 - "Las promesas de Dios a su Iglesia"
Isaías 45 - "Ciro llamado a causa de la Iglesia"
Isaías 50 - "La amplia restauración de la Iglesia"
Isaías 54 - "La Iglesia es confortada"
Isaías 64 - "La oración de la Iglesia".

Tales encabezamientos están equivocados —dicen estos premilenaristas—: son un despliegue de ignorancia descarada por parte de aquellos que los insertaron. No había ninguna Iglesia en el tiempo del Antiguo Testamento, y a los profetas la Iglesia del Nuevo Testamento les era desconocida. Sin embargo, Esteban habló de una Iglesia en el tiempo de Moisés (Hch. 7:38), y Pablo dice que los creyentes del Antiguo Testamento y los del Nuevo forman un solo olivo (Ro. 11:17-24).

Cuando Pablo dice que en las edades pasadas no se dio a conocer, *como* ahora es revelado a su santos apóstoles y profetas por el Espíritu, que los gentiles son coherederos y miembros del mismo cuerpo y copartícipes de la promesa en Cristo Jesús (Ef. 3:5,6), de ninguna manera quiere decir que esto permaneciera absolutamente desconocido para las edades pasadas, sino que no fue total y claramente conocido como ahora lo es (*cf.* Ro. 16:26).

San Pablo nos dice que la promesa del Antiguo Testamento se le hizo a Abraham y a su simiente; y luego cita la promesa: "Te he puesto por padre de muchas gentes", e insiste en que esto se cumple, no en la simiente literal, sino en la simiente espiritual de Abraham (Ro. 4:16). Aquellos salidos de sus lomos que caminaron en las pisadas de su fe, y todos aquellos no salidos de sus lomos que comoquiera compartieron su fe, pueden llamar a Abraham padre igualmente. Esta es la manera que Pablo tiene de ver las profecías del Antiguo Testamento, y nosotros estamos perfectamente seguros siguiendo al apóstol del Señor.

En Gálatas 3, Pablo asevera que la profecía del Antiguo Testamento dada a Abraham —"En ti serán benditas todas las naciones"— se cumple *ahora*, cuando Dios justifica a los gentiles por la fe. A la luz de tal declaración, es muy atrevido e injustificado afirmar que las profecías del Antiguo Testamento callan acerca de la Iglesia del Nuevo Testamento, y que no hay ningún tictac del reloj profético en esta era.

Hechos 15:13-18 es un pasaje muy importante en esta discusión. Pablo se ve atacado por algunos creyentes de entre los judíos por recibir a gentiles creyentes en la Iglesia. Un concilio se reúne en Jerusalén para tratar este asunto, estando presentes Pedro y Pablo. Jacobo, el líder de la iglesia en Jerusalén, dice que esta actividad de Pablo no es ninguna novedad, sino que Pedro la ha practicado considerable antes con la explícita aprobación divina, como el propio Pedro había declarado hacía poco. Es más —dice Jacobo—, esta recepción de los gentiles no es ningún pensamiento posterior en el plan divino, sino que forma parte de dicho plan desde el principio, como se atestigua por los Profetas. Jacobo procede a citar a los Profetas (principalmente a Amós) como sigue: "Después de esto volveré y reedificaré el tabernáculo de David que está caído". Amós hablaba de los juicios que habían de sobrevenir a Israel, y entonces da esta promesa de Dios: "Yo reedificaré el tabernáculo de David". Jacobo declara que este reedificar el tabernáculo de David está sucediendo ahora con la visitación de Dios a los gentiles para sacar de ellos un pueblo para su Nombre. Por la evangelización de los gentiles, Dios está reparando la caída condición de la Iglesia del Antiguo Testamento. Recuerda que el asunto entero debatido en el concilio es la recepción de los gentiles en la Iglesia, y que Jacobo está citando la profecía de Amós a favor de dicha recepción. ¡Cuán absurdo es entonces que la Biblia de Scofield sostenga que los gentiles mencionados por Amós no eran gentiles del tiempo de Jacobo, sino de tiempos milenarios, 2000 años después! El concilio no estaba discutiendo el mapa profético del futuro, sino un problema presente y urgente. Ese problema tenía que ver con la recepción de los gentiles en la Iglesia, y Jacobo cita lo que dice Amós acerca de la reedificación del tabernáculo de David para justificar la recepción de los gentiles. Él hace esto con la aprobación evidente de Pedro y de Pablo y del concilio entero. En otros términos, a los ojos de los Apóstoles, el tabernáculo de David se ha convertido en el templo viviente de la Iglesia neotestamentaria.

Hemos reparado en una admisión —bastante inesperada— de que Jacobo aplicó la profecía de Amós a la Iglesia cristiana. En *The Witness*, la revista mensual de los Hermanos Abiertos, de marzo de 1944, un autor afirmaba: "También parece, según Hechos 15, que Jacobo había llegado mucho más allá que los escritores del Antiguo Testamento, a quienes el misterio de Cristo no les fue revelado, y así cita a Amós como abarcando proféticamente la apertura de la puerta de la fe a los gentiles en esta época presente". De hecho, supone un avance el ver esta admisión de que Jacobo interpreta a Amós como para predecir la apertura de la puerta de la fe a los gentiles en esta edad presente.

En la Epístola a los Hebreos (capítulos 8 y 10), vemos al autor inspirado reivindicando que el Nuevo Pacto (de los tiempos del Nuevo Testamento) es el cumplimiento de estas palabras de Jeremías: "He aquí vienen días, dice el Señor, en que estableceré con la casa de Israel y la casa de Judá...". Israel y Judá son evidentemente el Israel de Dios, la Iglesia del Nuevo Testamento. Así que los títulos de la Versión Autorizada en inglés que se refieren a las profecías del Antiguo Testamento en cuanto a la Iglesia del Nuevo Testamento evidentemente tienen el apoyo del Nuevo Testamento mismo.

Nuestro Señor se refirió a la profecía del Antiguo Testamento acerca de la venida de Elías, y aseguró a sus oidores que "Elías ya vino", en la persona de Juan el Bautista (Mr. 9:12,13). ¡Sin embargo, algunos de los literalistas no están satisfechos, y dicen que Elías aún ha de venir!

Zacarías profetizó: "He aquí tu rey vendrá a ti [...], cabalgando sobre un asno, sobre un pollino hijo de asna [...], y su señorío será de mar a mar, y desde el río hasta los fines de la tierra" (Zac. 9:9,10). Mateo cita este pasaje —Zacarías 9: 9—, y dice que el mismo se cumplió en la entrada triunfal relatada en el capítulo 21 de su Evangelio. La Biblia de Scofield entiende esa entrada triunfal como un mero ofrecimiento, por parte de Cristo, para ser rey; pero realmente Él no vino como rey. Sin embargo Mateo declara que *sí* que vino como rey. Algunos literalistas esperan su cabalgar sobre un asno en Jerusalén en el futuro, solo porque Él no vino con la parafernalia de la monarquía en la ocasión descrita en Mateo 21.

En Hechos 2:30,31, Pedro dice de David:

> Pero siendo profeta, y sabiendo que con juramento Dios le había jurado, que de su descendencia, en cuanto a la carne, levantaría al Cristo para que se sentase en su trono, viéndolo antes, habló de la resurrección de Cristo.

Según Pedro, no necesitamos esperar hasta el Milenio para ver a Cristo en el trono de David; Él tomó ese asiento en su resurrección. Esto lo confirman otras escrituras que hablan de Cristo como reinando ya (1 Co. 15:25), poseyendo toda potestad en el Cielo y la Tierra (Mt. 28:18), y teniendo todas las cosas bajo sus pies (Ef. 1:22). No se objete que el ojo de los sentidos no puede verlo vestido con los adornos reales gobernando las naciones de la Tierra. Lo vemos con el ojo de la fe como nuestro Sumo Sacerdote detrás del velo, ¿qué nos impide entonces que lo contemplemos de la misma manera como nuestro Rey? "Porque por fe andamos, no por vista".

## NINGÚN REINO JUDÍO FUTURO

El Nuevo Testamento no tiene nada que decir acerca de un retorno de los judíos a su propia tierra, con Cristo reinando en un trono en Jerusalén sobre un reino en que los judíos tendrán preeminencia nacional. No se diga que el Nuevo Testamento no trata de los judíos como pueblo: Pablo aborda bastante el problema judío en Romanos 9 al 11, y no insinúa siquiera un reino judío futuro. Tampoco se diga que Pablo no tenía ningún motivo para mencionar un reino futuro donde los judíos fueran a tener la preeminencia como nación. Pablo encontró que había dos tropiezos para los judíos. Uno de ellos era la Cruz (1 Co. 1:23). El otro lo podemos ver en la ocasión cuando le escucharon hablar acerca de haber sido enviado a los gentiles (Hch 22:21), después de lo cual los judíos organizaron un tremendo alboroto: el segundo tropiezo para ellos era la recogida y aceptación de los gentiles. Ahora bien, si la gloria antigua de Israel había de ser restaurada bajo el reinado personal de Cristo Jesús, ciertamente Pablo se hubiera apresurado a anunciar a los judíos que además de la Cruz habría una corona, y que era solamente cuestión de tiempo el que hubiese un reino en que los judíos estarían en el lugar supremo y Jerusalén sería la metrópoli del mundo. Así, de esta manera, los tropiezos habrían desaparecido. Sin embargo, el Apóstol no hizo eso. Al contrario, afirmó que la pared intermedia de separación entre el judío y gentil había sido derribada, y no dio ninguna indicación de que se fuera a restaurar jamás. Los creyentes judíos y gentiles son uno en Cristo. Los autores del Nuevo Testamento no mencionan a Cristo reinando en Jerusalén en un trono secular; insisten con fuerza en que Él reina ya.

Un destacado premilenarista, L.S. Chafer, dice que después de esta era del Evangelio vendrá “la restauración de Israel y la restauración del judaísmo”, y que hay un pueblo terrenal que sigue adelante como tal en la eternidad y un pueblo celestial que también permanece para siempre en su vocación celestial”; es decir, que Dios tendrá dos pueblos distintos, uno en la Tierra y el otro en el Cielo, para siempre. Esto puede ser literalismo coherente, pero ciertamente constituye un verdadero delirio de locura.

El literalismo que insiste en las profecías del Antiguo Testamento como refiriéndose al Israel según la carne, es absolutamente incoherente con la aplicación universal en el Nuevo Testamento de las promesas a la simiente espiritual. El Nuevo Testamento insiste en que no es judío el que lo es exteriormente (Ro. 2:28,29); que no todos los que descienden de Israel son israelitas (Ro. 9:6); que los que son de Cristo son linaje de Abraham (Gá. 3:29); que la bendición de Abraham ha llegado a los gentiles en Cristo Jesús (Gá. 3:4); y que no hay judío ni griego, porque "todos vosotros —dice— sois uno en Cristo Jesús" (Gá. 3:28). El literalismo que aún espera ver a Cristo sentarse en el trono de David en Jerusalén no concuerda con el anuncio que hace Pedro de que Cristo ya se ha sentado en el trono de David en su resurrección. El literalismo que busca una restauración del templo de Jerusalén, y que todas las naciones vengan a participar en su culto y sus sacrificios por el pecado, es incoherente con la aseveración del Nuevo Testamento de que tal culto y sacrificio ha sido "quitado" (He.10:8,9).

Hubo muchas profecías del Antiguo Testamento cumplidas al pie de la letra; otras, muy numerosas también, fueron dadas en lenguaje figurativo, y el Nuevo Testamento las declara cumplidas, no de manera literal, sino en un sentido espiritual.

No se diga que esto hace difícil decidir qué cosas (en tanto que profecía aún no cumplida) debemos tomar literalmente y qué espiritualmente. Todo lo que es de importancia está claro; algunos detalles solo los aclararán los acontecimientos mismos. Así fue en la Primera Venida de Cristo; así sucederá también con su Segunda Venida. Recuerda que fue un exceso de literalismo lo que llevó al rechazo de Jesús de Nazaret y lo que ha confirmado a los judíos desde entonces en su incredulidad. Y fue un exceso de literalismo por parte de sus propios discípulos lo que frecuentemente los hizo tardos para captar su significado. Ellos, por ejemplo, interpretaron su advertencia de "Mirad, guardaos de la levadura de los fariseos", como una reprobación hacia ellos mismos por no traer pan. Y fue un exceso de literalismo lo que hizo que las multitudes criticaran la referencia de Jesús a su obra expiatoria, diciendo: "¿Cómo puede éste darnos a comer su *carne*?".

La aplicación que hace el Nuevo Testamento de las profecías del Antiguo nos compele a asignar un significado ampliado y una importancia espiritual a las promesas en que, a primera vista, el judío pudiera parecer ser el único interesado.

# 7
# *Algunas consideraciones generales del Nuevo Testamento*

Examinemos algunos hilos que atraviesan la enseñanza del Nuevo Testamento, y también algunos de los vocablos utilizados para la venida del Señor.

## ALGUNOS CONCEPTOS DEL NUEVO TESTAMENTO

*1. Los últimos días.* Esta expresión se utiliza muy a menudo para hacer referencia a la era completa del Evangelio en que vivimos ahora. "Dios [...] en estos postreros días nos ha hablado por el Hijo" (He. 1:2; *cf.* Hch. 2:17, Stg. 5:3, 1 P. 1:20). En Hebreos 9:26 leemos: "Pero ahora, en la consumación de los siglos, se presentó una vez para siempre por el sacrificio de sí mismo para quitar de en medio el pecado". Aquí toda la era del Evangelio se considera como la consumación, el tiempo final. En otros términos, la encarnación de Cristo ha introducido el último período de la historia del mundo. Haciendo un comentario de las palabras "ya es el último tiempo" (1 Jn. 2:18), J.M. Ghysels expresa: "No se puede dudar de que, según la Escritura, con la ascensión de Cristo y el descenso del Espíritu Santo, el último período de la historia del mundo ha empezado. Este período presente en que nosotros vivimos es el último en el programa divino".

Si este período presente es el último, entonces lo que ha de venir es únicamente el estado eterno; no se deja lugar alguno para una era milenaria entre el tiempo presente y dicho estado eterno.

2. *Ya ciudadanos del Cielo*. Cristo ha ascendido a la diestra de Dios, y los creyentes, habiendo sido vital y místicamente unidos a Él, están por consiguiente con Él en un sentido espiritual, habitando así el mundo eterno: el Cielo (*cf*. Ef. 1:3; 2:6; Fil. 3:20; Col. 3:1-3). El mundo celestial y la esfera terrenal son ahora estados paralelos, y el creyente pertenece a ambos. Como el Dr. Vos nos recuerda, el cristiano tiene solo sus miembros en la Tierra, y ha de hacer morir lo terrenal; sin embargo él mismo pertenece —y pertenece como ser entero— a la tierra alta de los lugares celestiales. Esto no supone restarle importancia a su interés por el regreso de Cristo. "La verdad es —dice el Dr. Vos— que esta representación entera del estado cristiano como central y potencialmente fijado en el Cielo no es la abrogación, sino la más intensa y práctica aseveración del tenor del mundo venidero en la vida del creyente". Este es ya un morador del Cielo, pero su alma entrará finalmente en la patria celestial con la muerte, y en la venida de Cristo, su cuerpo, así como su alma, heredará el orden eterno, quedando entonces por fin completada la redención.

Tal es ya la posición del cristiano: este es un morador del Cielo. Pero pon atención al cuadro que proporciona Papías —y muchos otros después de él— del Milenio. Citando una supuesta declaración de Cristo, Papías dijo que en el Milenio las vides crecerían "teniendo cada una

10 000 ramas, y en cada rama 10 000 ramitas, y en cada ramita 10 000 retoños, y en todos los retoños 10 000 racimos, y en cada uno de los racimos 10 000 uvas, y cada uva exprimida daría 25 metretes (850 litros) de vino. Y cuando cualquiera de los santos eche mano de un racimo, otro clamará: "Yo soy un racimo mejor, tómame a mí". El grano, las semillas y la hierba producirían —nos asegura Papías— "en proporciones similares a las vides". Esta descripción de Papías parece estar sacada del escrito judío llamado el *Apocalipsis de Baruc.*

Ahora bien, pensamos que es un sentimiento genuinamente cristiano y escriturario el que considera "carnal" esta clase de Milenio. Y es un sentimiento también auténticamente cristiano y escriturario anhelar el partir y estar para siempre con el Señor en el Cielo. Aquellos que ya son ciudadanos del Cielo, y tienen la esperanza de disfrutar de los plenos privilegios de su ciudadanía, bien pueden hacer caso omiso de las 10 000 veces 10 000 uvas milenarias. Como los patriarcas, anhelan "una [patria] mejor, esto es, *celestial*" (He. 11:16); su mira está puesta en las cosas de arriba, no en las de la Tierra (*cf.* Col. 3:1,2).

*3. Las dos eras.* El apóstol Pablo dice que Cristo ha sido entronizado "sobre todo principado y autoridad y poder y señorío, y sobre todo nombre que se nombra, no sólo en este siglo [literalmente, "era"], sino también en el venidero" (Ef. 1:21). En las expresiones "este siglo" y "el venidero", el Apóstol agrupa todo el tiempo, presente y futuro, bajo el reinado de Cristo. El Señor utilizó un lenguaje similar, prometiendo a sus seguidores fieles que recibirían "cien veces más", y heredarían "vida eterna". La era por venir es evidentemente el estado eterno, porque en el hay "vida eterna". Cristo también habló del pecado para el cual no hay perdón, "ni en este siglo, ni el venidero".

Aquí, de nuevo, está claro que en esas dos eras Él incluye todo el tiempo, el presente y el porvenir. En Lucas 20:34-36 leemos: "Jesús les dijo: Los hijos de este siglo [esta era] se casan, y se dan en casamiento; mas los que fueren tenidos por dignos de alcanzar aquel siglo [era] y la resurrección de entre los muertos, ni se casan, ni se dan en casamiento. Porque no pueden ya más morir, pues son iguales a los ángeles, y son hijos de Dios, al ser hijos de la resurrección". Nuevamente vemos todo el tiempo —presente y porvenir— resumido en las dos expresiones "este siglo" y "aquel siglo"; pero aquí también se proporciona la línea divisoria entre las dos eras: la resurrección de los muertos, que todas las partes admiten sucederá en la Segunda Venida del Señor. Pablo aún podría hablar de "los siglos venideros"; como se dice en inglés: "*While the endless ages roll*" (Mientras pasan las edades interminables).

El bosquejo premilenario sostiene que hay tres eras: 1) la era presente; 2) la era milenaria; y 3) el estado eterno. La representación común del Nuevo Testamento es que las eras en cuestión son solamente dos: esta del Evangelio y la venidera, que es el estado eterno. Y la línea divisoria entre ambas eras es ese acontecimiento trascendente: el Segundo Advenimiento. Podemos observar que el Nuevo Testamento dice que este siglo presente es un siglo malo (Gá. 1:4), de modo que cometeríamos un error si esperásemos un mundo totalmente convertido dentro de los límites de los tiempos del Evangelio.

## ALGUNOS TÉRMINOS DEL NUEVO TESTAMENTO

Examinemos ahora algunos de los términos que emplea el Nuevo Testamento para referirse a la Segunda Venida, a fin de abrir camino para nuestros estudios posteriores.

Una escuela de premilenaristas distingue entre "el arrebatamiento" y "el apocalipsis". El primero ocurre al venir Cristo repentina y secretamente en el aire para arrebatar a sus santos, y el segundo sucede después de un intervalo de siete años de tribulación posterior al "arrebatamiento". El apocalipsis marcaría el principio del Milenio. "El arrebatamiento es solamente una verdad para la Iglesia —dice el Dr. Feinberg, un premilenarista—; el apocalipsis implica también a todos los que viven sobre la Tierra". El Dr. Feinberg distingue asimismo entre "el día de Cristo" y "el día del Señor", identificando el primero con "el arrebatamiento" y el segundo con "el apocalipsis". La Biblia de Scofield, que ha sido decisiva para conseguir la aceptación de estas ideas tiene los mismos puntos de vista que el Dr. Feinberg. Su nota acerca de 1 Corintios 1:7 tiene el siguiente objeto:

> Estas palabras se utilizan en relación con el regreso del Señor:
> 1) *Parousia*. La palabra significa simplemente presencia personal, y se emplea para el regreso del Señor en lo referente a la bendición de los santos y la destrucción del hombre de pecado.
> 2) *Apokalypsis* —"quitar el velo"—, "el apocalipsis". El empleo de esta palabra acentúa la visibilidad del regreso del Señor.

Siguiendo esta nota, la Biblia de Scofield presenta otra:

> El "día de Cristo" se relaciona totalmente con los galardones y bendiciones de los santos en su venida, mientras que "el día del Señor" tiene que ver con el Juicio.

De hecho, la palabra "*parousia*" (que realmente significa "llegada") se utiliza para la venida del Señor, no solo trayendo bendición a los santos, *sino también* juicio para el impío (*cf.* Mt. 24:37-39, donde la venida o parusía trae consigo un juicio como el diluvio de Noé). Mientras que la palabra *"apokalypsis"*, que Feinberg aplica a "el día del Señor", se utiliza para la venida como esperanza bendita de los santos en 1 Corintios 1:7 y 2 Tesalonicenses 1:7.

Tampoco es cierto que "el día de Cristo" se relacione exclusivamente con los galardones y bendiciones de los santos. En Lucas 17:24,29,30, Cristo habla del día del Hijo de Hombre (ciertamente el mismo que el día de Cristo) como trayendo destrucción igual que el día de Sodoma.

Ni lo es que "el día del Señor" esté solamente relacionado con el Juicio. "El día del Señor" y "el día de Dios", en 2 Pedro 3, son claramente lo mismo (hasta la Biblia de Scofield admite esto tácitamente); y ese día se declara un día bendito que los creyentes deben "esperar" "apresurándose" para el mismo (2 P. 3:12): un día, además, que trae inmensos cambios cósmicos en el cielo y la Tierra. La Segunda Epístola a los Tesalonicenses, capítulo 2, deja más abundantemente claro que "el día del Señor" ha de identificarse con la parusía, o venida del Señor y, por tanto, con "el día de Cristo". Dice en parte: "Pero con respecto a la venida de Nuestro Señor Jesucristo, y nuestra reunión con él, os rogamos, hermanos, que no os dejéis mover fácilmente [...] ni os conturbéis". Aquí la venida del Señor, o parusía, es claramente lo mismo que el día del Señor. Los santos en Tesalónica pensaban que el día bendito del Señor, cuando Él vendría por los suyos, era inminente. Si hubiera sostenido la idea premilenaria, Pablo simplemente habría contestado: "No, estáis bastante equivocados. El día del Señor no vendrá primero. El día de Cristo —o para utilizar otro término, la parusía— debe venir primero y, entonces, tras un intervalo del siete años, el día del Señor o apocalipsis". Pero él no dice nada parecido. Pablo afirma: "No vendrá sin que antes venga la apostasía, y se manifieste el hombre de pecado, el hijo de perdición [...] a quien el Señor matará con el espíritu de su boca, y destruirá con el resplandor de su venida [parusía]" (v. 8): la mismísima venida (parusía) que se liga a la reunión de los santos con el Señor (v. 1). Nada podría estar más claro que el hecho de que el día del Señor y la venida del Señor por sus santos es una y la misma cosa, y que el Anticristo debe revelarse antes de la venida del Señor (la parusía). La Biblia de Scofield hace un esfuerzo bastante desesperado por evitar esta conclusión, e intenta colocar "el arrebatamiento" de los santos antes de la aparición del Anticristo. Acerca de 2 Tesalonicenses 2:7 — "Sólo que hay quien al presente lo detiene, hasta que él a su vez sea quitado de en medio. Y entonces se manifestará aquel inicuo"—, la nota de Scofield es: "Esta persona no puede ser ninguna otra que el Espíritu Santo en la Iglesia, el cual debe ser quitado de en medio". Fíjate que la Biblia de Scofield dice "el Espíritu Santo en la Iglesia", significando, claro está, el Espíritu Santo *y la Iglesia*. Esta no es en absoluto una manera justa de manejar la Sagrada Escritura, porque no hay nada acerca de la Iglesia en el versículo 7. Según la teoría de Scofield, la Iglesia debe ser quitada de en medio antes de la aparición del Anticristo y de la tribulación que él causa. Es más, mediante una exégesis muy forzada, la Biblia de Scofield ve "el arrebatamiento" en versículo 7.

El Dr. Feinberg dice que el primer acontecimiento (el arrebatamiento o día de Cristo) no tiene ninguna señal que anuncie su proximidad, mientras el segundo (el apocalipsis o día del Señor) sí la tiene. Es cierta y francamente contrario a las palabras de Cristo en Mateo 24:29-33 el decir que no habrá ninguna señal para anunciar la proximidad del día de la venida de Cristo por los elegidos. Por supuesto, no podría haber mucha sorpresa en cuanto al segundo evento, si el bosquejo del premilenarismo fuera verdad, pero una vez que el "día de Cristo" llega, el período de siete años del Anticristo y la Gran Tribulación seguiría. El período de siete años, una vez empezado, seguiría su curso hasta su cierre, cuando "el día del Señor" o "el apocalipsis" tendría lugar. Pero los buenos estudiantes del griego nos dicen que la palabra "apocalipsis" (*apokalypsis*) lleva íntimamente asociada la idea misma de un carácter repentino e inesperado; sin embargo, según el bosquejo premilenario corriente, ese día ni puede ser súbito ni inesperado.

La rapidez y la incertidumbre han de marcar "el día del Señor", según 1 Tesalonicenses 5:3; pero según este planteamiento premilenarista, se da un aviso de siete años de su acercamiento por medio de este acontecimiento tremendamente sorprendente: "el arrebatamiento".

Ahora bien, nos atreveremos a decir que todos los esfuerzos por distinguir entre estos términos —"venida", "apocalipsis", "día de Cristo" y "día del Señor"— han fallado y han de fallar. Estas palabras son sumamente intercambiables, y se refieren todas y cada una al gran evento que hace época al final del mundo, cuando Cristo venga a bendecir y premiar a su pueblo y a juzgar al mundo con justicia.

# 8
# *La enseñanza de Cristo respecto a su Segunda Venida*

## LAS PARÁBOLAS

En las parábolas del trigo y la cizaña y de la red (Mt. 13:24-30,36-43,47-50), como todos admiten, el Señor está presentando un cuadro de esta era del Evangelio que concluye con su Segunda Venida. En el Reino, el trigo y la cizaña han de crecer juntos hasta la cosecha en el fin del mundo. Entonces tendrá lugar la separación. Todos los hijos del maligno, representados por la cizaña, serán eliminados de la escena. Al mismo tiempo que la sentencia cae sobre los injustos, la gloria viene sobre los justos: "*Entonces* los justos resplandecerán como el sol en el reino de su Padre" (Mt. 13:43). Esto no deja cabida para un Milenio terrenal. Al Reino presente del Hijo del Hombre le sigue el Reino eterno del Padre (*cf.* 1 Co. 15:24,25). El malo y el justo están juntos hasta la cosecha, y entonces hay una separación completa y final. El fin de esta era del Evangelio le trae al impío las penas inmediatas y eternas, y la gloria eterna al justo. La Biblia de Scofield intenta evitar esta conclusión con el siguiente comentario: "La recolección de la cizaña en los manojos para quemar no implica un juicio inmediato. Al final de esta era la cizaña simplemente se pone aparte para ser quemada después". Citar las palabras mismas de Nuestro Señor es una respuesta suficiente:

> De manera que como se arranca la cizaña, y se quema en el fuego, así será en el fin de este siglo. Enviará el Hijo del Hombre a sus ángeles, y recogerán de su reino a todos los que sirven de tropiezo, y a los que hacen iniquidad, y los echarán en el horno de fuego; allí será el lloro y el crujir de dientes (Mt. 13:40-42).

La pregunta que surge es: ¿Por qué la Biblia de Scofield está tan ansiosa por mantener alejada del fuego a la cizaña que el Salvador representa como echada en el mismo? La respuesta es que, después de la cosecha al final de esta era, las Notas de Scofield enseñan que ha de haber una era milenaria cuando las multitudes de personas no regeneradas estarán bajo el reinado de Cristo y sus santos. El Salvador, sin embargo, afirma que no habrá personas no regeneradas sobre las que reinar, ya que al final de esta era del Evangelio serán echadas en el horno de fuego. La parábola de la red también enseña que al final de la era del Evangelio el malo será echado en el horno de fuego (Mt. 13:49,50). Es una propuesta muy frívola y sin justificación por parte de las Notas de Scofield decir que la cizaña se guarda en manojos durante 1000 años antes de ser quemada.

La parábola de las minas (Lc. 19:11-27) muestra cómo, en el retorno del hombre noble, los siervos fieles e infieles reciben sus recompensas. Entonces les dirá: "Y también a aquellos mis enemigos que no querían que yo reinase sobre ellos, traedlos acá, y decapitadlos delante de mí" (Lc. 19:11-27). Esta parábola enseña que, cuando el Señor vuelva, Él no solo premiará a sus sirvientes, sino que también visitará al malo con su último juicio. Sus enemigos serán "decapitados", y no quedará ninguno para rendir lo que los premilenaristas llaman "la obediencia fingida" en el supuesto Milenio.

La parábola de las diez vírgenes es similar. También indica que el regreso de Nuestro Señor constituye el gran final, la consumación de todas las cosas. Una cosa deja absolutamente clara: cuando el novio llegue, la puerta se cerrará (Mt. 25:10). Uno de los peores rasgos de la enseñanza de muchos premilenaristas es el de la segunda oportunidad. Ellos dicen que hasta después de su glorioso regreso la abrumadora mayoría de los salvados no serán traídos a Dios. Pontifican sobre una esperanza de salvación después de que el Señor haya venido por los suyos, ya sea durante el período de la Tribulación o durante el Milenio. La Escritura enseña que cuando Él venga por los suyos, la puerta se cerrará perpetua y definitivamente.

La parábola de los talentos (Mt. 25:4-30) contiene la misma enseñanza. La venida del Señor traerá el premio glorioso para sus fieles y, al mismo tiempo, la pena terrible y la condenación para los impíos y los siervos perezosos.

## EL DISCURSO DEL MONTE DE LOS OLIVOS

¿Acaso no tenemos aquí la enseñanza del "arrebatamiento"? ¿Acaso no leemos que "el uno será tomado, y el otro será dejado" (Mt. 24:40)? Fíjate, sin embargo, en que en este pasaje no tenemos ningún "arrebatamiento *secreto*".

Su venida ha de ser todo lo contrario del secreto. Tiene que ser como el relámpago —visible—, y el juntar a sus elegidos se hará "con gran voz de trompeta" (Mt. 24:26,27,30,31). Fíjate, también, en los versículos 37-40:

> Mas como en los días de Noé, así será la venida del Hijo del Hombre [...], no entendieron hasta que vino el diluvio y se los llevó a todos, así será también la venida del Hijo del Hombre. Entonces estarán dos en el campo; el uno será tomado, y el otro será dejado.

Aquí no se trata meramente de una comparación del día de Noé con el de Cristo; hay también una equiparación de los resultados de estos dos días. En el día de Noé algunos fueron puestos a salvo y otros abandonados a una destrucción terrible; así será también en la venida de Cristo: habrá quienes serán puestos a cubierto y quienes serán entregados a una sentencia horrible. Esta venida traerá la destrucción al mundano y a los que rechazan a Cristo. Una vez más señalamos que esto no deja ningún lugar después de la venida de Jesús para un Milenio terrenal en que las personas no regeneradas vayan a estar bajo el reinado de Cristo y de sus santos.

### LA ESCENA DE JUICIO DE MATEO 25

Todas las naciones serán reunidas ante el trono de gloria de Cristo, y allí separadas: las ovejas a su mano derecha y los cabritos a su izquierda; entonces se les asignará respectivamente la vida eterna y el castigo eterno. A primera vista esto parece un Juicio final y general. Pero muchos premilenaristas lo toman —como hacen las Notas de Scofield— como un juicio de "naciones vivientes" en su condición de naciones. La prueba en este juicio —afirman las

Notas de Scofield—es "el tratamiento otorgado por las naciones al remanente judío que habrá predicado el Evangelio a todo el mundo durante la Tribulación". W.E. Blackstone, el autor del manual premilenarista, *Jesús viene*, fue tan impactado por la supuesta terrible situación de los judíos durante el período de la Tribulación, ¡que tenía cajas de Biblias guardadas en las cuevas de Edom en dónde esperaba que los judíos habían de esconderse! Basta con decir aquí que esta interpretación del término "hermanos" ciertamente no está de acuerdo con la definición que Cristo da de la palabra en Mateo 12:49,50 (*cf.* Mt. 28:10).

La cuestión entera de la interpretación de esta escena de juicio gira en torno al significado de la expresión "todas las naciones" (Mt. 25:32). ¿Por qué debe significar algo diferente de lo que significa unos capítulos después, cuando dice: "Por tanto, id, y haced discípulos a todas las naciones, bautizándolos" (Mt. 28:19; *cf.* 24:14)? En Mateo 28:19 se refiere a la raza humana entera, ¿por qué debe significar algo diferente en Mateo 25:32? En Romanos 16:26, donde Pablo expresa que el misterio del Evangelio "se ha dado a conocer a todas las gentes" —es decir, a todas en general— ¿por qué debe significar la expresión algo diferente que en Mateo 25:32?

La atmósfera entera de esta escena muestra que se trata de un juicio de individuos, no de naciones como naciones. ¿Quién pensaría en naciones en tanto que naciones siendo apartadas para el castigo eterno o la vida eterna? (*cf.* Mt. 25:46). ¿Quién ha oído jamás hablar de naciones como naciones que visitan al enfermo o al encarcelado?

Es más, vale la pena señalar que la palabra "naciones" es un sustantivo de género neutro (en el original griego), y que el pronombre que sigue inmediatamente después es del género masculino: "Y serán reunidas delante de él todas las naciones (neutro); y apartará los unos (masculino) de los otros (masculino), como aparta el pastor las ovejas de los cabritos". El uso del pronombre masculino indica individuos en lugar de naciones.

Esta escena de juicio se parece notablemente a Apocalipsis 20:11-15 por el acento en la universalidad de dicho juicio y, en ambos casos, en que el juicio es según obras: obras externas, claro está, que son evidencia de una fe interna. Vemos el mismo énfasis en las palabras de Nuestro Señor: "Porque el Hijo del Hombre vendrá en la gloria de su Padre, con sus ángeles, y entonces pagará a cada uno conforme a sus obras" (Mt.16:27). La misma idea se nos presenta en esas palabras solemnes: "No os maravilléis de esto; porque vendrá hora cuando *todos* los que están en los sepulcros oirán su voz; y los que hicieron lo bueno, saldrán a resurrección de vida; mas los que hicieron lo malo, a resurrección de condenación" (Jn. 5:28,29). A la misma voz, oída al mismo tiempo, todos saldrán de los sepulcros para el Juicio. Ninguno de los que le oyeron entonces pudo, por un esfuerzo cualquiera de imaginación, haber tomado las palabras del Señor como si hablara de dos juicios separados por 1000 años.

El Credo de Atanasio es un excelente resumen de lo que nosotros hemos recogido de la enseñanza de Nuestro Señor: "[Él] subió a los cielos, está sentado a la diestra de Dios, Padre omnipotente, desde allí vendrá a juzgar a los vivos y a los muertos. A su venida todos los hombres resucitarán con sus cuerpos y darán cuenta de sus propios actos".

No se diga que toda esta discusión importa poco. La idea de los malos compareciendo ante el tribunal de Dios más de 1000 años después de los justos, tiende, cuando menos, a disminuir "el temor del Señor", un temor que las Escrituras parecen asociar una y otra vez con su venida con trompeta de Dios para el gran Juicio universal.

Es más, ¿cuándo han de ser juzgados los que se dice que serán salvos durante el Milenio? El juicio de los santos ya habrá pasado, y el de los injustos es entonces el único juicio que queda, según el bosquejo premilenario.

Nuestro Señor enseña claramente un juicio general y universal en su Segunda Venida. Esa venida será visible y gloriosa. Para los injustos significará el Juicio final e irrevocable. Para los santos, no la bienaventuranza milenaria, sino el mismísimo Cielo de los cielos, donde ellos tendrán su morada. ¿No dijo Jesús esto mismo?

> En la casa de mi Padre muchas moradas hay; si así no fuera, yo os lo hubiera dicho; voy, pues, a preparar lugar para vosotros. Y si me fuere y os preparare lugar, vendré otra vez, y os tomaré a mí mismo, para que donde yo estoy, vosotros también estéis (Jn. 14:2,3).

Regocíjense los santos. Que los pecadores descuidados y los profesantes pasivos de la religión estén advertidos. Cristo viene, y se cerrará la puerta. La sentencia de bendición o maldición se pronunciará entonces para toda la eternidad.

# 9
# *La Segunda Venida en la predicación apostólica temprana*

## HECHOS DE LOS APÓSTOLES

En Hechos de los Apóstoles tenemos varias referencias al regreso del Señor. En Hechos 1 vemos a los discípulos mirándole fijamente mientras es alzado, "como si se llevara sus ojos y corazones consigo" al Cielo. Los ángeles les aseguraron que vendría de la misma manera; es decir, personal y visiblemente.

Hechos 3:21 habla de Cristo, "a quien de cierto es necesario que el cielo reciba hasta los tiempos de la restauración de todas las cosas". La expresión "todas las cosas" no significa todo absolutamente, porque la Biblia no enseña el universalismo. El encarnado, pero ahora glorificado, Hijo de Dios está en el Cielo, y allí debe residir, dice este versículo, hasta "la curación del todo desorden curable y la restauración a la comunión con la Deidad de todos los que Él haya escogido para ser restaurados así" (según el *Commentary on Acts* [Comentario de Hechos], de

J.A. Alexander). Es necesario que continúe en esa residencia, porque desde allí, a la diestra de Dios, Él guía todas las cosas hacia la consumación gloriosa, cuando tendrá lugar el glorioso final del plan maravilloso que está llevando a cabo. Su residencia en el Cielo es el medio designado para lograr dicho fin. Pedro, quien habla aquí de "la restauración de todas las cosas", está refiriéndose indudablemente a la venida del Señor en la cual, dice él (2 P. 3), habrá grandes cambios en el mundo: los cielos y Tierra se quemarán, y los cielos nuevos y la Tierra nueva serán introducidos. El Señor, al volver, hará una obra completa, y no habrá *nada* de pecado ni *nada* "descoyuntado" en la renovada Tierra.

En Hechos 10:42, Pedro dice: "Y nos mandó que predicásemos al pueblo, y testificásemos que él es el que Dios ha puesto por Juez de vivos y muertos". Se nombra a Cristo Juez futuro de toda la Humanidad: de todas las generaciones, pasadas, presentes y de las que están por venir.

En Hechos 17:30,31, Pablo dice: "Ahora [Dios] manda a todos los hombres en todo lugar, que se arrepientan; por cuanto ha establecido un día en el cual juzgará al mundo con justicia, por aquel varón a quien designó". El juicio será una solemne evaluación de toda la Humanidad. No vamos a entrar ahora en el debate acerca de si el Día del Juicio será un día ordinario de veinticuatro horas. Con respecto a esto, la declaración de Agustín merece nuestra consideración: "Dios hará que todas las obras de cada hombre, buenas o malas, vengan a la memoria, y sean vistas mentalmente con maravillosa rapidez", de manera que "se juzgará a todos de inmediato y aun así individualmente". Ciertamente los que oían a Pablo no hubieran entendido por un día un período de más de1000 años, con un juicio a su comienzo y otro en su conclusión.

En Hechos 24:15, Pablo afirma que "habrá una resurrección de los justos y de los injustos" (NVI). Una resurrección, no dos. El resucitar de los muertos será general, de todos los tipos y caracteres sin excepción.

La predicación apostólica, como la del Señor mismo, tiene, como era de esperarse, el mismo testimonio respecto al Segundo Advenimiento. Es preciso decir, juntamente con Warfield, que la venida de Cristo para el Juicio era "el centro y la sustancia mismos de la proclamación de Pablo a los gentiles".

## 1 TESALONICENSES

Consideremos las epístolas de Pablo a los tesalonicenses. No son las primeras de sus epístolas en nuestra Biblia, pero fueron las que se escribieron más temprano.

1 Tesalonicenses 4:13-18 se cita a menudo para apoyar el punto de vista premilenario. Ciertamente, no hay nada acerca de un arrebatamiento *secreto* en el pasaje, porque venir "con voz de mando, con voz de arcángel, y con trompeta de Dios", es un acto tan público y abierto que ningún ser humano podrá hacer caso omiso del mismo. Pero ya que no hay mención alguna de la resurrección de los injustos, algunos intérpretes concluyen que dicha resurrección sucederá en otro momento aparte. En este pasaje, sin embargo, Pablo está escribiendo para confortar a los santos afligidos acerca de sus seres queridos creyentes que han muerto. Evidentemente, como en la iglesia en Corinto, había algunos que dudaban de que los cuerpos de los muertos en Cristo fueran a resucitar, y así corrían el peligro de entristecerse como los que no tenían esperanza (v. 13). Hemos de recordar que esta reciente comunidad apenas había salido del paganismo. Pablo escribe para confortarlos...

> Porque si creemos que Jesús murió y resucitó, así también traerá Dios con Jesús a los que durmieron en él. Por lo cual os decimos esto en palabra del Señor: que nosotros que vivimos, que habremos quedado hasta la venida del Señor, no precederemos a los que durmieron. Porque el Señor mismo con voz de mando, con voz de arcángel, y con trompeta de Dios, descenderá del cielo; y los muertos en Cristo resucitarán primero. Luego nosotros los que vivimos, los que hayamos quedado, seremos arrebatados juntamente con ellos en las nubes para recibir al Señor en el aire, y así estaremos siempre con el Señor. Por tanto, alentaos los unos a los otros con estas palabras.

Cuando Pablo dice "los muertos en Cristo resucitarán primero", la palabra "primero" expresa precedencia, no con respecto a los impíos sino con respecto a los santos vivos. Él está asegurando a los creyentes en Tesalónica que los santos muertos, alcanzando la presencia del Señor en su venida, no quedarán ni por un momento regazados de aquellos que estén vivos. No se habla de los impíos en estos versículos, que fueron escritos, permítaseme repetir, para confortar a los creyentes que estaban entristeciéndose por causa del fallecimiento de sus seres queridos los cuales habían muerto en el Señor. Así que, el silencio del Apóstol acerca de los impíos es perfectamente natural.

¿Pero está el Apóstol completamente callado sobre el destino de los impíos? Lea el pasaje que viene inmediatamente a continuación —1 Tesalonicenses 5:1-11—, el cual trata del mismo asunto que 1 Tesalonicenses 4:13-18. El capítulo 5 está estrechamente vinculado al capítulo 4: empieza con la palabra "pero". El capítulo 4 contesta a la pregunta de qué pasará en la Segunda Venida con nuestros seres queridos que han muerto en el Señor. El capítulo 5 aborda la cuestión de qué podemos saber acerca del momento de este gran acontecimiento. Muchos premilenaristas postulan un cambio de tema en el capítulo 5, porque ellos distinguen entre "el día del Señor" y su venida para recoger a sus santos. Ya hemos visto en un capítulo anterior que tal distinción no se puede establecer. Ciertamente este pasaje no indica tal cambio de tema, sino que está estrechamente unido a lo que precede:

> *Pero* acerca de los tiempos y de las ocasiones, no tenéis necesidad, hermanos, de que yo os escriba. Porque vosotros sabéis perfectamente que el día del Señor vendrá así como ladrón en la noche; que cuando digan: Paz y seguridad, entonces vendrá sobre ellos destrucción repentina, como los dolores a la mujer encinta, y no escaparán. Mas vosotros, hermanos, no estáis en tinieblas, para que aquel día os sorprenda como ladrón (1 Ts. 5:1-4).

Aquí se demuele completamente la idea de que los santos vayan a ser arrebatados varios años antes del día del Señor. El versículo 4 dice que ese día tiene que ver también con los santos, pero que a ellos no debería sorprenderlos desprevenidos como intenta hacer un ladrón.

Además, 1 Tesalonicenses 5 nos muestra que el día del Segundo Advenimiento del Señor trae el Juicio para los impíos. Pablo asocia con la Segunda Venida la resurrección y la gloria resultante de los santos, *y también* la destrucción súbita de los impíos. Sin sombra de duda, "ese día" guarda relación con ambas partes: los creyentes deben esperarlo (1 Ts. 5:4-10), porque *entonces* ellos alcanzarán la salvación en toda su plenitud (v. 9), *entonces* vivirán juntamente con Él" (v. 10); mientras que *ese mismo* día acabará con la falsa seguridad de los incrédulos en una "destrucción repentina".

2 TESALONICENSES

En 2 Tesalonicenses 1, confortar es aún el objeto del Apóstol. En este caso el consuelo se necesita debido a las persecuciones y tribulaciones. Pablo insiste en que las pruebas de ellos son una muestra del favor del Señor, y por medio de las mismas Dios muestra que considera a los probados como dignos del Reino. Pero Dios pagará con "tribulación a los que os atribulan; y a vosotros que sois atribulados [os dará] reposo con nosotros" (2 Ts. 1:6,7). ¿Cuándo pagará con tribulación a los que atribulan y cuándo dará reposo a los atribulados? Pablo da la respuesta inmediatamente: "Cuando se manifieste el Señor Jesús desde el cielo con los ángeles de su poder, en llama de fuego, para dar retribución a los que no conocieron a Dios". ¿Se ejecutará la sentencia sobre los justos y los impíos al mismo tiempo? El Apóstol repite la respuesta: Sí; porque sigue diciendo: "A los que no conocieron a Dios, ni obedecen al evangelio de nuestro Señor Jesucristo; los cuales sufrirán pena de eterna perdición". ¿Cuándo? Y la respuesta es: "*Cuando* venga en aquel día para ser glorificado en sus santos, y ser admirado en todos los que creyeron" (v. 10).

Podemos observar que cuando el Salvador venga para la liberación de sus santos atribulados, vendrá "en llama de fuego" —¡ningún arrebatamiento *secreto* aquí!—. Pero aún es más importante observar que el galardonar a los justos y el castigar a los malos se presentan entretejidos el uno con el otro *en cuanto al tiempo*, inmediatamente después de la venida del Señor.

Ciertamente este pasaje debe dejar perfectamente claro que no hay ningún arrebatamiento secreto seguido —tras un intervalo de varios años— de una revelación abierta del Señor y de su gloria al mundo.

Ciertamente queda absolutamente claro también, ya que la venida del Señor traerá sobre los impíos "la pena de eterna perdición [y la exclusión] de la presencia del Señor", que ningún impío sobrevivirá a su venida para ser gobernado posteriormente durante todo un Milenio. Pero, según la idea premilenarista, tiene que haber personas impías sobrevivientes. Y aun muy cerca del final del Reino milenario habrá impíos como la arena del mar (Ap. 20:8), según el plan de interpretación premilenarista.

Este pasaje de 2 Tesalonicenses debe acabar, de una vez y para siempre, con la idea de que habrá dos resurrecciones separadas por 1000 años: en la primera la bendición y el premio, y en la segunda los impíos experimentando la ira y la venganza de Dios. Está claro que aquí se presenta un solo gran acontecimiento de consumación. Es *un solo evento* del que se habla, y este tiene dos acompañamientos: descanso para el pueblo de Dios y tribulación para sus adversarios. El Apóstol muy evidentemente contempla una sola resurrección general y un Juicio final en la venida del Señor.

Es difícil ver, suponiendo que Pablo escribiera para refutar la idea de un Juicio *dividido* expresamente, cómo podría haberlo hecho más tajantemente que en este pasaje.

10

# *La victoria sobre la muerte*

En 1 Corintios 15:22-27 leemos:

> Porque así como en Adán todos mueren, también en Cristo todos serán vivificados. Pero cada uno en su debido orden: Cristo, las primicias; luego los que son de Cristo, en su venida. Luego el fin, cuando entregue el reino al Dios y Padre, cuando haya suprimido todo dominio, toda autoridad y potencia. Porque preciso es que él reine hasta que haya puesto a todos sus enemigos debajo de sus pies. Y el postrer enemigo que será destruido es la muerte. Porque todas las cosas las sujetó [Dios Padre] debajo de sus pies [los de Cristo]. Y cuando dice que todas las cosas han sido sujetadas a él, claramente se exceptúa aquel que sujetó a él todas las cosas.

La interpretación premilenarista de este pasaje es como sigue. Los versículos 23 y 24 presentan tres fases de la resurrección: a) la resurrección de Cristo; b) la resurrección de sus santos en su venida; y c) "el fin" de la resurrección, esto es, la resurrección de los impíos. Entre b) y c) el premilenarista sitúa más de 1000 años, mientras que los 1000 años en sí constituyen el Milenio. El Reino que Cristo entrega al Padre en "el fin" es su Reino milenario. En este Reino Él suprime todo reinado adverso y pone a todos los enemigos bajo sus pies: el último que es suprimido es la muerte.

Esta es una interpretación creíble, pero examinémosla. Primero, fíjate que la Escritura no dice "el fin de la resurrección", sino simplemente "el fin". Donde esta expresión —"el fin"— ocurre, significa el fin de todas las cosas, o el fin del mundo. Sería necesario forzar la palabra para hacer que significara "el fin de la resurrección".

La palabra "luego", en la frase "luego el fin", no implica necesariamente un intervalo entre la resurrección de los santos y "el fin"; se utiliza a menudo para una sucesión inmediata. Muchos premilenaristas admiten esto.

Al premilenarista que lee en el pasaje una resurrección de los impíos más de 1000 años después de la venida de Cristo, nosotros le respondemos que la introducción de los impíos es completamente irrelevante. El esfuerzo entero de Pablo en este capítulo es mostrar que aquellos que son de Cristo resucitarán de los muertos en su venida o, si están vivos entonces, tendrán parte en la transformación gloriosa que producirá ese evento. Son solo aquellos que están "en Cristo" quiénes entran en consideración, como en 1 Tesalonicenses 4. Y las palabras "luego el fin", en el versículo 24, significan simplemente la resurrección de los justos y la apoteosis final —el mismísimo fin—, ambas cosas suceden juntas. Esto se apoya firmemente, en último lugar, con la expresión "a la final trompeta", en el versículo 52. Esta trompeta suena en la resurrección de los santos, y la posibilidad de otra crisis adicional se excluye.

Esta trompeta *es la final.*

Observemos nuevamente el orden de acontecimientos en el bosquejo premilenarista de 1 Corintios 15:

a) Cristo resucitado;

b) los creyentes resucitados al cierre de la era del Evangelio;

c) entonces sucede —después de un período corto de tribulación, según la mayoría de los premilenaristas— el Reino milenario de Cristo, durante el cual Él derroca a todos los poderes hostiles y pone todas las cosas bajo sus pies, la última de ellas la muerte. El Milenio entero se ocupará de este trabajo de conquista. Las Notas de Scofield en 1 Corintios 15 afirman:

> El Reino de los cielos, así establecido (durante el Milenio) bajo el Hijo divino de David, tiene por objeto la restauración de la autoridad divina en la Tierra, que puede considerarse como una provincia en revuelta [...]. Cuando esto se haga, el Hijo entregará el Reino (de los cielos) al Dios y Padre, para que Dios (el trino Dios) sea todo en todos.

d) Al cierre del Milenio habrá un período corto en que Satanás será soltado, y reunirá para la batalla a naciones que serán como la arena del mar en número y procederán de los cuatro ángulos de la Tierra. A esto sigue "el fin", que el premilenarista interpreta como el fin de la resurrección, su última fase; esto es, la resurrección de los impíos.

Una pregunta surge inmediatamente: Si el Salvador glorioso ha reinado durante 1000 años y ha puesto todas las cosas, hasta el último enemigo, bajo sus pies, ¿de dónde procederán los impíos que vienen "de los cuatro ángulos de la tierra" al final de los 1000 años? Para esa pregunta el premilenarista no tiene ninguna respuesta satisfactoria.

Pero lo que queremos considerar ahora, particularmente, es este Reino de los versículos 24 y 25 en que Cristo suprime todo dominio, autoridad, y potencia. ¿Cuándo empieza y cuándo termina el mismo? Hemos visto que el premilenarista hace que comience después de la Segunda Venida de Cristo por su pueblo, y que dura 1000 años. ¿Ha de ser así? Por nuestra parte creemos que es fácil determinar el fin de este Reino que Cristo entrega al Padre. Ya que hemos determinado cuál es el fin, podemos entonces determinar el principio. Estamos de acuerdo con las Notas de Scofield en que parece indicarse que las conquistas de este Reino mencionadas en los versículos 24 y 25 tardarán algún tiempo; de ahí las expresiones "es preciso que reine *hasta*" y "el *postrer* enemigo". A la larga, sin embargo, el postrer enemigo —la muerte— será destruido, y entonces, estando todas las cosas sujetas a Cristo, Él entregará el Reino al Dios y Padre (vv. 26 y 28). Así que la muerte es el postrer enemigo, y cuando sea destruida, este Reino terminará. Pero el versículo 54 nos dice cuándo será destruida la muerte: cuando los muertos sean resucitados incorruptibles y los vivos sean transformados; y se resucita a los muertos y los vivos son transformados en la Segunda Venida de Cristo. *Entonces* la muerte es sorbida en victoria. "El espectáculo de las multitudes no tocadas por la muerte recibiendo sus cuerpos perfectos e inmortales constituye la gran cabalgata de la conquista de la muerte".

¿Qué Reino es este que así termina con la venida de Cristo para resucitar a sus santos? Las Escrituras enseñan —como señala Charles Hodge en su comentario acerca de 1 Corintios 15:24— un triple Reino de Cristo:

1) Lo que necesariamente le pertenece a Él, como persona divina, que se extiende sobre todas las criaturas y de lo cual Él nunca puede despojarse.

2) Lo que pertenece a Él como el Hijo encarnado de Dios, que se extiende sobre su propio pueblo. Esto también es eterno: Él seguirá siendo la cabeza y el soberano de los redimidos para siempre.

3) Ese dominio al que se vio exaltado después de su resurrección, cuando fue entregado en sus manos todo el poder en el Cielo y en la Tierra. Este Reino que Él ejerce como el Dios-hombre, y que se extiende sobre todos los principados y potestades, Él lo ha de entregar cuando se culmine la obra de la redención. Él fue revestido con este dominio en su carácter de Mediador, con el propósito de llevar a cabo su obra hasta la consumación. Cuando eso se haga —a saber, cuando Él haya suprimido a todos sus enemigos—, entonces ya no reinará sobre el universo como el Mediador, sino solo como Dios; aunque su señorío sobre su pueblo haya de continuar para siempre.

Hemos visto que este Reino mediador ha de terminar en su venida, cuando el postrer enemigo, la muerte, sea destruido. ¿Pero cuándo empieza? Pablo, en Colosenses 2:15, nos dice que, en su cruz, Cristo triunfó sobre los principados y potestades (las mismas palabras griegas que se traducen por "autoridad" y "potencia" en 1 Corintios 15:24). Así que, en principio, la victoria se obtuvo en el Calvario y en esa primera mañana de Pascua; y Cristo debe reinar desde lo alto hasta que esta victoria sea completamente llevada a efecto (v. 25). Ahora podemos fijar el principio de este Reino en la resurrección de Cristo (*cf.* Mt. 16:28; Mr. 9:1; Lc. 9:27). Fue al Salvador resucitado a quien se hizo Señor y Cristo (Hch. 2:36); a quien se exaltó para ser Príncipe (Hch. 5:31); quien pudo decir: "Toda potestad me es dada en el cielo y en la tierra" (Mt. 28:18).

El Reino de Cristo —que Él posee como Mediador— está ya entonces en existencia. En su Segunda Venida el postrer enemigo será destruido y Él entregará su Reino de Mediador al Padre. Entonces se introducirá el Reino de Dios en la plenitud de su gloria (v. 50). En este Reino, en su estado perfecto, la carne y sangre en su presente estado débil y "carnal" no pueden entrar; solo los santos glorificados, con sus cuerpos gloriosos, pueden heredar el Reino de Dios (vv. 50-54). Pero los premilenaristas distinguen el Reino de Cristo —que ellos dicen es el Reino milenario— del Reino de Dios, el cual según ellos es el estado eterno. Según su sistema, los santos glorificados, después de la venida del Señor, deben entrar en el Reino milenario de Cristo. Pero acabamos de mostrar, sin embargo, que ellos realmente entran (*cf.* vv. 50-54) en el Reino de Dios en toda su gloria; es decir, en el estado eterno, no en el Milenio (*cf.* Mt.13:39,41,43).

Hasta una lectura superficial de 1 Corintios 15:22-28 confirma esto: que el Reino de Cristo aquí señalado ya existe. Y queda establecido sin sombra de duda que este Reino no es un Reino milenario después de la Segunda Venida, sino su Reino como Mediador que termina con la resurrección de sus santos, cuando Él los libera finalmente y para siempre de los últimos vestigios del reinado de muerte. Entonces la muerte es sorbida en victoria, y suena el grito: "¿Dónde está, oh muerte, tu aguijón? ¿Dónde, oh sepulcro, tu victoria? (1 Co. 15:55).

Es según esta concepción del Reino del versículo 24 como un Reino presente que, en Efesios 1:21, se nos presenta a Cristo como *ya* sentado muy por encima de todo principado y autoridad.

¡Cuán glorioso es que Cristo reine ya! Y "preciso es

que él reine hasta que haya puesto a todos sus enemigos debajo de sus pies". "Luego el fin", la consumación gloriosa de todas las cosas.

*Jesús el Salvador reina,*
*Dios de verdad y de amor.*
*Cuando hubo limpiado nuestras manchas,*
*en lo Alto se sentó.*
*Alzad el corazón, alzad la voz:*
*Regocijaos; regocijaos, os digo hoy.*

# 11
# *Los nuevos cielos y la nueva Tierra*

## ROMANOS

En Romanos 2:3-16 leemos:

> ¿Y piensas esto, oh hombre, tú que juzgas a los que tal hacen, y haces lo mismo, que tú escaparás del juicio de Dios? [...]. Pero por tu dureza y por tu corazón no arrepentido, atesoras para ti mismo ira para el día de la ira y de la revelación del justo juicio de Dios, el cual pagará a cada uno conforme a sus obras: vida eterna a los que, perseverando en bien hacer, buscan gloria y honra e inmortalidad, pero ira y enojo a los que son contenciosos y no obedecen a la verdad, sino que obedecen a la injusticia; tribulación y angustia sobre todo ser humano que hace lo malo, el judío primeramente y también el griego, pero gloria y honra y paz a todo el que hace lo bueno, al judío primeramente y también al griego; porque no hay acepción de personas para con Dios. Porque todos los que sin ley han pe-

> cado, sin ley también perecerán; y todos los que bajo la ley han pecado, por la ley serán juzgados [...]; en el día en que Dios juzgará por Jesucristo los secretos de los hombres, conforme a mi evangelio.

Más allá de toda duda, el Juicio Final es de lo que se habla aquí: aun la resurrección de los justos está implícita cuando se menciona que aquellos que perseveran en bien hacer "buscan gloria y honra e inmortalidad". Pablo enseña que el Juicio de los justos y de los impíos es simultáneo. "En el día en que Dios juzgará por Jesucristo los secretos de los hombres", dos cosas han de suceder: aquellos que hayan buscado para sí la gloria, honra e inmortalidad recibirán la vida eterna; y sobre quienes hayan sido desobedientes vendrán la tribulación y la angustia. David Brown dice: "Este pasaje es singularmente decisivo. Observe la alternancia del justo al impío, y del impío al justo, en la descripción del único y mismo Día del Juicio". El Obispo Waldegrave expresa: "Nos instruye, con la estudiada claridad de una declaración reiterada que, así como habrá una comparecencia simultánea ante el Juez, también habrá un Juicio simultáneo del justo y del injusto, sin la excepción de un solo individuo, en el tribunal del Juicio eterno".

No tiene caso que el premilenarista interprete "el día" aquí mencionado como de más de 1000 años de duración, con un juicio en su principio y otro en su final, citando como apoyo el texto de que para con el Señor un día es como 1000 años. Según lo plantea el Obispo Waldegrave: "*Nosotros* podríamos, con igual propiedad, sostener que la porción restante del texto —"y mil años como un día"— proporciona la interpretación correcta del Milenio de Apocalipsis 20". Pablo, en Romanos 2, y su Maestro, en Mateo 25, hablan con una sola voz declarando el Juicio simultáneo de toda la Humanidad. El Apóstol describe un evento muy unificado en que los destinos de todos quedarán finalmente y para siempre decididos.

1 PEDRO

En 1 Pedro 1 leemos que los elegidos de Dios tienen la "esperanza viva" de "una herencia, incorruptible, incontaminada e inmarcesible, reservada en los cielos" para ellos (1 P. 1:1-4). La herencia milenaria acerca de la cual muchos son tan entusiastas, no está absolutamente limpia de mal: hay una mezcla muy considerable que se manifiesta al cierre del Milenio en una hueste rebelde llena de malicia infernal. Esta herencia milenaria es terrenal y de duración limitada. Pero la herencia a la cual Pedro dirige la atención del creyente no tiene absolutamente nada que contamine, nada que corrompa; su bienaventuranza es eterna y está "en el cielo". No es ninguna maravilla que Pedro exhorte a los creyentes: "Esperad por completo en la gracia que se os traerá cuando Jesucristo sea manifestado" (1 P. 1:13); porque, en la manifestación de Cristo, toda la Iglesia redimida será recibida para estar siempre con el Señor en las mansiones celestiales, a las cuales ni este mundo ni la carne ni el Diablo tienen acceso.

2 PEDRO

En 2 Pedro 3, el Apóstol se propone recordar a sus lectores verdades muy conocidas. Hace esto porque se levantarán burladores que se burlarán de la doctrina del regreso de Cristo, diciendo: "Dónde está la promesa de su advenimiento?". Estos razonan que el mundo siempre permanecerá como lo ha hecho en el pasado. Sin embargo, Pedro dice que no será así:

> Pero los cielos y la tierra que existen ahora, están reservados por la misma palabra, guardados para el fuego en el día del juicio y de la perdición de los hombres impíos [...]. El Señor no retarda su promesa [...]. Pero el día del Señor vendrá como ladrón en la noche; en el cual los cielos pasarán con grande estruendo, y los elementos ardiendo serán deshechos, y la tierra y las obras que en ella hay serán quemadas. Puesto que todas estas cosas han de ser deshechas, ¡cómo no debéis vosotros andar en santa y piadosa manera de vivir, esperando y apresurándoos para la venida del día de Dios, en el cual los cielos, encendiéndose, serán deshechos, y los elementos, siendo quemados, se fundirán! Pero nosotros esperamos, según sus promesas cielos nuevos y tierra nueva, en los cuales mora la justicia. Por lo cual, oh amados, estando en espera de estas cosas, procurad con diligencia ser hallados por él sin mancha e irreprensibles, en paz (2 P. 3: 7-14).

Observa los siguientes puntos acerca de este pasaje:

1. Pedro no está dando ninguna nueva enseñanza, sino que dice expresamente que repite verdades muy conocidas, enseñadas por los profetas y Apóstoles. El Apóstol sigue al Señor Jesús y a Pablo utilizando la figura de la venida del Señor "como un ladrón" (*cf.* 2 P. 3:10; Mt. 24:42-44; y 1 Ts. 5:2).

2. El "día del Señor" y la "venida" del Señor son una y la misma cosa. Observa la conexión. Vendrán burladores diciendo: "Dónde está la promesa de su advenimiento?"; a quienes Pedro les responde: "El Señor no retarda su promesa [... ]. El día del Señor vendrá —y agrega—. Pero nosotros esperamos, según su promesa, cielos nuevos y tierra nueva". Los burladores pueden burlarse de "la promesa de su advenimiento", pero Pedro nos asegura por dos veces que *esa promesa* se cumplirá cer-

tísimamente, en la venida del día del Señor y la introducción, entonces, de unos nuevos cielos y una nueva Tierra. Fíjate, también, en que mientras que el Señor habló de su *venida* como de un ladrón, Pedro se refiere al "día del Señor" como ladrón. Esta es una nueva indicación de que la "venida" y "el día del Señor" son lo mismo.

3. En esta "venida" o este "día del Señor", habrá una gran conflagración. Para la "quema" del cielo y de la Tierra se utiliza una palabra griega muy fuerte: una palabra que indica combustión "total". En la venida del Señor se producirán grandes cambios cataclísmicos. Habrá un nuevo cielo y una nueva Tierra, pasando el primer cielo y la primera Tierra. El que se sienta en el Trono dirá: "He aquí, yo hago nuevas todas las cosas".

Esto no encaja con la doctrina premilenarista según la cual Jesús vendrá a reinar en Jerusalén sobre más o menos el mismo viejo mundo. Según 2 Pedro, no quedará ningún "viejo mundo" después de su venida. Y ciertamente el corazón cristiano se regocija al pensar que Él viene a gobernar, no el viejo mundo pecador que le rechazó, sino sobre un mundo nuevo.

4. Esta destrucción de cielo y Tierra será inesperada: "El día del Señor vendrá como ladrón en la noche, en el cual los cielos pasarán [...] y los elementos ardiendo serán deshechos". El fallecido Revdo. James Hunter, citando este texto, hizo un reproche enérgico a los premilenaristas que "dicen que la Biblia es para ellos infaliblemente verdadera [y], sin embargo, afirman con los científicos ateos que la Tierra durará centenares de años: durante más de 1000 años". Si el bosquejo premilenario es correcto, entonces la disolución de la Tierra debe estar todavía lejos, y no puede suceder inesperadamente.

5. En la venida de Cristo aparecerán un nuevo cielo y una nueva Tierra en los cuales hay *perfección absoluta* (2 P. 3: 13). James Hunter dijo una vez: "Parecería que el Diablo hubiese arrancado el capítulo 3 de 2 Pedro de la Biblia de algunos cristianos actuales". Hunter estaba pensando en las ideas corrientes acerca de un Reino terrenal después de la venida de Cristo, un Reino poblado en grado considerable por hombres y mujeres no regenerados y dejados en la venida de Cristo para ese propósito; un Reino que cierto comentarista de convicciones premilenaristas (Walter Scott) admite que es, "en el mejor de los casos, una situación imperfecta". Hunter seguía afirmando que Cristo, cuando venga, no tendrá ninguna necesidad de encontrar personas para que pueblen el nuevo mundo. Las tendrá a mano en sus propios redimidos. "La iniquidad —decía Hunter— no existirá en aquel mundo [...]. Habiéndose quitado la maldición, y el pecado que la ocasionó, 'no harán mal ni dañarán en todo mi santo monte'". En el nuevo cielo y la nueva Tierra —dice Pedro— "mora la justicia". El universo renovado compartirá la naturaleza del Cielo.

En Romanos 8:21 se nos dice que "la creación misma será libertada de la esclavitud de corrupción, a la libertad gloriosa de los hijos de Dios". Y Pablo añade que no solo la Creación, sino que "nosotros también gemimos dentro de nosotros mismos, esperando la adopción, la redención de nuestro cuerpo". Toda la Naturaleza que gime ahora bajo la maldición pronunciada en la Caída, espera una liberación y renovación que corresponde a la liberación de los redimidos. Esta liberación que la Creación espera no puede ser el Milenio, porque el pecado aún permanece durante el Milenio, aunque refrenado por la autoridad de Cristo. La Creación anhela entrar en "la libertad gloriosa [literalmente, la libertad de la gloria] de los hijos de Dios". Esta libertad gloriosa, experimentada en la redención o resurrección del cuerpo, es un estado de perfección absoluta. Podemos observar que tanto Pablo, en Romanos 8:21,23, como Pedro en su Segunda Epístola, se refieren al mismo gran cambio o "baño ardiente" del cual surgirán los nuevos cielos y una nueva Tierra, adaptados para ser la morada de los santos glorificados.

6. Pedro insta a los creyentes con las siguientes palabras, en vista de la inminente disolución del cielo y la Tierra en la venida de Cristo: "Esperando y apresurándoos para la venida del día de Dios, en el cual los cielos, encendiéndose, serán deshechos, y los elementos, siendo quemados, se fundirán". El día del Señor y el día de Dios son evidentemente el mismo, ya que lo que pasa en el uno se dice que sucede también en el otro (vv. 10,12). El gran acontecimiento del cual Pedro habla, los cristianos deben esperarlo con ferviente vigilancia y, en vista del mismo, deben vivir santa y piadosamente. Será un gran día para ellos.

7. Evidentemente ese día será de pavor, un día de juicio y perdición (v. 7) para los incrédulos. Viniendo como ladrón, los tomará desprevenidos. Queda absolutamente claro por los versículos 7, 10-12 que el día de "la destrucción" de los cielos y la Tierra por el fuego es, a la vez, "el día del juicio y de la perdición de los hombres impíos" y el día alegre que los cristianos tanto anhelan.

Este pasaje de 2 Pedro 3 no deja lugar alguno para un Milenio al cual personas no salvadas puedan pasar, después de la Segunda Venida, para disfrutar algo de la bienaventuranza milenaria. No habrá sitio para el mal

—ni siquiera para un mal mantenido en jaque— en todo el dominio de los resucitados de Dios, de los santos glorificados. Ellos heredarán —dice Pedro— un nuevo cielo y una nueva Tierra dónde solo mora la justicia.

Ahora nos ocuparemos del libro del Apocalipsis, pero repasemos la enseñanza de los Evangelios, Hechos y las Epístolas. Hemos visto que en ninguna parte se enseña que la Segunda Venida vaya a introducir un Reino provisional, las glorias del cual los santos resucitados, con sus cuerpos glorificados, compartirán con los pecadores. El testimonio unánime del Señor y sus Apóstoles es que la Segunda Venida traerá la sentencia completa a los pecadores, y la bienaventuranza perpetua en el estado eterno a los creyentes; y de ese estado de bienaventuranza el pecado estará absoluta y perpetuamente excluido.

Robert Strong, de cuyos artículos en *The Presbyterian Guardian* hemos recibido muchas sugerencias, resume así la enseñanza del Nuevo Testamento acerca de la Segunda Venida:

> El Señor vuelve a un mundo que todavía es hostil a su Evangelio y su autoridad; resucita los cuerpos de los santos fallecidos, y los traslada a ellos y a los santos vivientes a estar con Él; vence al Anticristo y a sus seguidores rebeldes en un derrocamiento contundente que también afecta al mundo; prepara el trono de su Juicio, y cita ante él a hombres y ángeles, para que los hombres justificados sean públicamente absueltos y recibidos como suyos propios, y pueda mostrarse que los hombres malvados y los ángeles rebeldes se destinan justamente a la perdición eterna; establece los nuevos cielos y la nueva Tierra para ser la morada de la justicia para siempre.

¡Nosotros que creemos, siendo así que buscamos estas cosas, mostrémonos diligentes en ser hallados en paz, sin mancha e irreprensibles a su vista! ¡Que otros se despierten para buscar al Señor mientras pueda ser hallado!

12

# *Tres perspectivas del Apocalipsis*

Los intérpretes del Apocalipsis pueden agruparse en tres escuelas principales, según la respuesta que den a la pregunta: ¿A qué período pertenecen las visiones y acontecimientos del libro? Si responden que "al pasado", son preteristas (del latín *praeter*, el pasado); si dicen que "al futuro", son futuristas; y si consideran que el libro "comprende" en su alcance la historia entera del Reino de Cristo, son lo que N.B. Stonehouse denominó "comprensivistas".

## EL PRETERISTA

El preterista sostiene que el libro se ocupa, principalmente por lo menos, de los acontecimientos contemporáneos al Apóstol o inminentes cuando él escribió. Las profecías tuvieron su cumplimiento por el tiempo de Constantino; esto es, en la parte temprana del siglo IV d. C. Un jesuita, Alcázar (1614 d. C.), fue el padre de esta escuela.

El libro del Apocalipsis muestra a primera vista indicios que nos prohíben confinarlo a los días de los césares. Como explica William Milligan: "Trata de mucho de lo que había de suceder hasta el final mismo del tiempo, hasta la total consumación de la lucha de la Iglesia, hasta la plena obtención de su victoria y el completo logro de su reposo [...]. Hay una progresión en el libro que solo se detiene con el último advenimiento del Juez de toda la Tierra" (*Lectures on the Apocalypse* [Charlas sobre el Apocalipsis], p. 141). La interpretación preterista convertiría el Apocalipsis en un manual de historia de la Iglesia bajo los césares. Está claro que el libro tiene un alcance mucho más amplio y una mayor utilidad.

### EL FUTURISTA

El futurista sostiene que el libro tiene en vista, principalmente por lo menos, los acontecimientos culminantes que giran en torno al regreso de Nuestro Señor. Este punto de vista pospone la importancia real de la mayor parte del libro, en su referencia primaria, a un período corto al final del tiempo. El jesuita Ribera (1603 d. C.) es el padre de esta escuela. John Darby, entre otros, adoptó las ideas futuristas y estas son sostenidas ampliamente en la actualidad. La mayoría de los premilenaristas son futuristas. Walter Scott, en su comentario sobre el Apocalipsis, nos da la visión futurista corriente:

> Los capítulos 2 y 3 —dice— despliegan la historia moral de la Iglesia en períodos sucesivos de su historia, desde finales del siglo I cristiano [...]. En los capítulos 4 y 5 el Cielo, y no la Tierra, es el escenario de la acción, una vez que los santos celestiales han sido trasladados a su hogar de lo alto [...]. Nosotros ponemos el arrebatamiento de los santos *después* de la ruina de

la Iglesia mostrada en el capítulo 3, y antes de la gloria que se ve en el capítulo 4.

Scott sigue diciendo que "los acontecimientos que se describen bajo los sellos, las trompetas y las copas acontecen *después* del Arrebatamiento y *antes* de la Aparición en gloria". Y agrega: "Será imposible entender el Apocalipsis si no se comprende esto claramente". ¿Cómo se puede "comprender claramente" cuándo no hay la más mínima indicación de un "arrebatamiento" entre los capítulos 3 y 4, y ningún indicio en parte alguna de que las epístolas a las siete iglesias, que tenemos en los capítulos 2 y 3, sean siete "períodos sucesivos en la historia de la Iglesia"?

Donald G. Barnhouse, en su exposición del Apocalipsis, dice: "El único principio de estudio [...] es que la porción mayor de este libro se sitúa completamente fuera de la era de la Iglesia, que el Israel reunido ocupa el centro de la escena, y que la Iglesia ni siquiera aparece en la discusión". Así que esta asombrosa teoría futurista nos pide que creamos que el libro del Apocalipsis no tiene nada que ver, en su mayor parte, con la Iglesia, sus pruebas y conflictos, y sus triunfos. Philip Mauro, quien había sido antes futurista, tuvo toda la razón en objetar que ciertamente esta teoría "tiende a apagar nuestro interés por este libro maravilloso, empujando lejos de nosotros las cosas que en él se predicen, y haciendo que sus revelaciones trascendentalmente importantes sean solo para aquellos de una próxima dispensación —los llamados "santos de la tribulación"— y separándolo prácticamente del resto de la Biblia". Mauro agrega:

> En una ocasión hace algunos años, cuando planteé una pregunta acerca de esto a alguien que sostenía el punto de vista fu-

> turista, él sugirió que no deberíamos tener reservas en dejar a los "santos de la tribulación" un libro de los sesenta y seis que componen la Biblia. Pero tengo mis decididas reservas en dejárselo, y tanto más porque estoy firmemente persuadido de que los "santos de la tribulación" del sistema futurista son una compañía completamente imaginaria, y que nosotros, el pueblo del Señor de esta dispensación, somos los verdaderos "santos de la tribulación" (*cf.* Jn. 16:33; Hch. 4:22).

Ciertamente hubiera sido un pobre consuelo para los santos del tiempo de Juan, muchos de ellos —como el propio Juan— sufriendo bajo el emperador Domiciano, que se les entregara un libro concerniente casi por completo a hombres que habían de vivir varios milenios más tarde.

## EL COMPRENSIVISTA

El comprensivista (o histórico) mantiene que el libro no trata de alguna fase limitada del Reino de Cristo en su comienzo (como hace el preterista) o en su conclusión (como hace el futurista), sino del gran panorama de la historia de ese Reino desde el Primer Advenimiento hasta la consumación. Este punto de vista incluye a las escuelas: a) histórica de la Iglesia; b) histórica continua; y c) histórica del Reino.

La escuela histórica de la Iglesia cree que el libro expone las fases principales de la historia de la Iglesia cristiana. Este punto de vista empezó a aparecer en los primeros siglos. Los escritores tempranos de esta escuela solo eran futuristas en este respecto; a saber, sostenían que las visiones del Apocalipsis estaban únicamente empezando a cumplirse en su tiempo. Ellos creían que las cosas predichas estaban ya pasando en sus días y no pertenecían exclusivamente al fin de la era. Lutero y los Reformadores pertenecían en general a esta escuela, y otros escritores posteriores como el Obispo Wordsworth (1807-1885) han seguido en sus pasos.

El punto de vista histórico continuo difiere principalmente del histórico de la Iglesia en que interpreta el libro como la Historia *sin interrupción*; las visiones no se solapan; los sellos se siguen el uno al otro en una sucesión cronológica —el séptimo sello comprende dentro de sí mismo las siete trompetas—; las trompetas se suceden una a otra; y la séptima trompeta incluye en sí misma las siete copas. Así que del primer sello a la séptima copa se presenta la Historia sin interrupción, desde el principio hasta el fin de la era del Evangelio. Muchos de los que sostienen este punto de vista estiman que estamos en los días de la séptima copa y, por tanto, muy cerca de la consumación.

A la escuela histórica del Reino a veces se la llama "simbólica" o "espiritual" o "filosofía de la Historia". En general es preferible el término "histórica del Reino". Esta escuela no toma el libro como un registro continuo e ininterrumpido de la historia de la Iglesia, ni siquiera como un resumen de esa historia en el sentido estricto. Considera que el libro "se ocupa del panorama amplio del desarrollo del Reino de Dios hasta su gran clímax en el Segundo Advenimiento" (N.B. Stonehouse).

Estos tres puntos de vista históricos tienen en común lo siguiente: consideran que el Apocalipsis abarca la historia entera del Reino de Cristo. A favor de la concepción comprensivista del Apocalipsis, puede recalcarse que la misma está de acuerdo con el resto del Nuevo Testamento. El Nuevo Testamento tiene una perspectiva escatológica: mantiene ante nosotros la venida del Señor como la esperanza gloriosa, pero también hace mucho hincapié en el hecho estupendo de la Encarnación de Nuestro Señor y en la importancia decisiva de su muerte, resurrección y ascensión. Estos sucesos fueron tan decisivos como para introducir el "último tiempo" o los "postreros días" (He. 1:2; 9:26; 1 Jn. 2:18; 1 Co. 10:11) y, gracias a ellos, el pueblo de Cristo está ya en posesión de la vida eterna y aun ahora se sienta en los lugares celestiales con Él.

En Mateo 28:18-20 tenemos un testimonio claro de la naturaleza decisiva de la muerte y resurrección de Nuestro Señor. Allí Él reivindicó haber sido investido con la autoridad universal, dio la Gran Comisión a sus discípulos y prometió su presencia continuada con ellos hasta la consumación. También en 1 Corintios 15 se nos lleva hasta el mismísimo Reino de Dios perfeccionado (p. ej. vv. 50-55), pero se acentúa fuertemente que mientras tanto Cristo está reinando y aboliendo todo dominio, autoridad y potencia, y que Él debe reinar hasta que todos sus enemigos sean puestos por estrado de sus pies; el último de los cuales es la muerte, "sorbida en victoria" en la resurrección de los santos (vv. 24-26,54).

Bien podemos esperar entonces encontrar en el libro del Apocalipsis este énfasis que tenemos en el resto del Nuevo Testamento: una insistencia no tan solo en el gran acontecimiento culminante del final del tiempo, sino también en el establecimiento y la conservación de la Iglesia entretanto, y en la presencia continuada de Cristo con ella. Esto es precisamente lo que encontramos. La visión del Cristo exaltado en el capítulo 1 nos da la perspectiva del libro entero. El Señor está en medio de los candeleros y posee las llaves de la muerte y el Infierno. La visión que se da de Él guarda una conexión íntima con las siete epístolas de los capítulos 2 y 3, pero también es introductoria del libro entero. Que esto es así está claro por el hecho de que los rasgos principales en la descripción de Nuestro Señor en el capítulo 1, no solo se repiten en los capítulos 2 y 3, sino también en capítulo 19 (vv. 12,15,21). Por consiguiente, a lo largo del libro del Apocalipsis, el Señor está en medio de su Iglesia y es Cabeza sobre todas las cosas, y tiene las llaves de todos los reinos.

En el capítulo 1 vemos el Reino de Cristo ya presente en tiempos de Juan, porque su pueblo puede decir: "E hizo de nosotros un reino" (Ap. 1:6, LBLA). Juan y sus compañeros creyentes eran miembros de este Reino (v. 9), y sin lugar a dudas lo que sería de ellos en el futuro constituía un asunto de gran preocupación para ellos. Su misma existencia estaba amenazada seriamente en ese entonces, bajo un césar perseguidor. Para su consuelo, Juan les propone el "gran panorama" de la importante historia de dicho Reino. Se le ordena que escriba acerca de "las cosas que has visto, y las que son, y las que han de ser después de estas" (Ap. 1:19): una descripción que parece indicar que el libro tiene que ver con la historia entera del Reino de Cristo hasta la consumación. El libro mantiene la esperanza gloriosa y el gran final ante nosotros, pero también abunda en enseñanza relacionada con la lucha presente del cristiano. Le insta a pelear valientemente y le consuela con el pensamiento de la redención ya ganada y del Cordero victorioso aun ahora en medio del Trono. En otras palabras, el libro del Apocalipsis insiste en la tremenda importancia de lo que Cristo va a hacer, pero también anuncia lo que ha hecho y está haciendo.

Si el Apocalipsis trata de la historia entera del Reino de Cristo, ¿es esa historia sin interrupción? Parece particularmente claro al final de capítulo 11 que no lo es. En los capítulos 10 y 11, bajo la última de las siete trompetas, se proclama que el misterio de Dios está consumado, sus siervos premiados, y el malo castigado. Luego, el capítulo

12 nos dirige hacia atrás, al Primer Advenimiento: el nacimiento de Cristo y su ascensión a lo alto. El profesor Kromminga, uno de los abogados recientes de la escuela histórica continua, admite aquí una vuelta atrás al principio de la era del Evangelio. De hecho, hay tantos casos de vuelta atrás —de recapitulación— y también de anticipación en el libro, y tantos episodios aislados, que la idea de una historia continua es claramente errónea. De hecho, cualquier punto de vista que intente encajar los detalles del libro con el panorama de los acontecimientos de la Historia es inservible. La misma diversidad de interpretación entre los adherentes de esta escuela es en sí misma testimonio de esto. De hecho, los pobres e indoctos lo pasarían mal en su estudio del libro si esta fuera la concepción correcta. Muy pocos de nosotros somos expertos en la historia de estos diecinueve siglos. Estamos seguros de que Dios no ha dejado la interpretación del libro tan completamente dependiente de un conocimiento de la historia de la Iglesia.

El Apocalipsis presenta entonces el gran drama del conflicto entre, por un lado, Cristo y su pueblo y, por el otro, Satanás y sus seguidores. Abarca el desarrollo de la historia entera del Reino de Cristo, desde el principio de la era cristiana hasta el gran clímax del Segundo Advenimiento[1].

[1]Para una presentación más detallada de este punto de vista, véase *Más que vencedores*, de William Hendriksen.

# 13
# *El testimonio del Apocalipsis*

Al examinar el libro del Apocalipsis, deberían observarse particularmente los siguientes rasgos...

## EL USO DE SÍMBOLOS

Este libro es mayormente un libro de símbolos. Hay ciertamente lo que podríamos llamar material didáctico en él —vemos, por ejemplo, menciones claras del Segundo Advenimiento—, pero los esfuerzos por llevar a cabo una interpretación literal del mismo se estrellan contra la roca del carácter patentemente simbólico de buena parte de su contenido. Está escrito, en su mayor parte, en el idioma de los signos. Mucho del libro fue comunicado por medio de visiones: Juan estaba (literalmente "llegó a estar") en el Espíritu en el día del Señor, y el mundo invisible se abrió para él. Como un gran drama, las visiones fueron pasando sucesivamente ante su vista.

Piensa en la visión de Pedro en Hechos 10. Estando en un éxtasis, el Apóstol vio un gran lienzo que era bajado por las cuatro esquinas, en el cual había toda clase de bestias, cuadrúpedos, reptiles y aves del cielo. Aunque un poco lento al principio, Pedro llegó a entender que esta visión era de suma importancia, preparándole para reconocer que Dios no hacía acepción de personas y que Él recibiría a los gentiles que creyesen, así como a los creyentes de entre los judíos.

Lo mismo sucede con las visiones de Juan. Si las tomamos literalmente, corremos el grave peligro de quedarnos solo con la cáscara, mientras desechamos el grano: su verdadero significado. Hay quienes insisten en adoptar una interpretación exageradamente literal. El libro contiene claras advertencias contra tal tratamiento. Por ejemplo, habla de "siete montes, sobre los cuales se sienta la mujer", ¿pero qué mujer ha tenido jamás tal capacidad de asiento? También habla de una maravilla en el cielo: una mujer con dolores de parto, "vestida del sol, con la luna debajo de sus pies, y sobre su cabeza una corona de doce estrellas"; y sigue hablando de esa misma mujer como poseyendo "las dos alas de una gran águila". ¿No nos advierten los mismos términos de la descripción que no debemos tomar estas declaraciones literalmente?

En Apocalipsis 14:4 leemos: "Éstos son los que no se contaminaron con mujeres, pues son vírgenes [...]. Éstos fueron redimidos de entre los hombres". Para nuestros amigos persistentemente literalistas, ¡esto debe de ser ciertamente un buen pedazo de confusión que desenredar!

Asimismo leemos:

> El aspecto de las langostas era semejante a caballos preparados para la guerra; en las cabezas tenían como coronas de oro; sus

> caras eran como caras humanas. Tenían cabello como cabello de mujer; sus dientes eran como de leones; tenían corazas como corazas de hierro; el ruido de sus alas era como el estruendo de muchos carros de caballos corriendo a la batalla (Ap. 9:7-9).

También se nos habla de "un enorme granizo como del peso de un talento" (más o menos 50 kg) y de una mortandad tan grande que hay un lagar de sangre de más de 300 km de largo, alcanzando hasta los frenos de los caballos (Ap. 16:21; 14:20). Tomar cualquiera de estas cifras literalmente es estropear la impresión. Los detalles solo se dan para comunicarnos lo temible y lo terrible de las cosas representadas.

No faltan las indicaciones directas de que Juan no está dando ninguna descripción literal, sino ofreciendo cuadros. En el capítulo 19:11-21 tenemos al Salvador que viene —el Rey de reyes y Señor de señores— en un caballo blanco, con una espada, y se convocan las aves de cielo para comer la carne de sus enemigos a quienes Él derrocará. Aquí tenemos un cuadro vívido de una victoria completa, y toda la imagen de guerra se utiliza para darle vida. Pero el pasaje contiene una advertencia, dos veces repetida, de que no se trata de ninguna guerra literal. Dos veces el escritor nos dice que el instrumento de victoria es una espada que "salía de la boca" del Vencedor. No debemos concebir al Señor de gloria como luchando cuerpo a cuerpo con sus enemigos. Él tan solo necesita hablar, como lo hizo en Getsemaní (Jn. 18:6), y sus enemigos se caen postrados.

El gran dragón escarlata del capítulo 12 —nos dice Juan claramente— es el Diablo. Las bestias que vemos en el capítulo 13, semejantes a las bestias de Daniel, representan los poderes políticos y religiosos anticristianos. En su folleto titulado *Communism and Christianism* (Comunismo y cristianismo), David Bentley-Taylor dice:

> Es una gran lástima que el libro del Apocalipsis se exponga tan poco entre los cristianos [...]. En ninguna otra parte de la Escritura vemos tan vivaz y precisamente descrita la situación del pueblo del Señor en China como aquí. Si quiere usted sentir el ambiente, lea el capítulo 13 del Apocalipsis e introduzca en el mismo a chinos cristianos [...]. Los primeros diez versículos presentan la fuerza que los confronta; los otro ocho dan una idea de la propaganda y eficacia asociadas con dicha fuerza.

En otros términos, tenemos ante nosotros un caso de la bestia del mar y de la bestia de la tierra.

### PROGRESIÓN HACIA EL CLÍMAX

En el libro hay un avance hacia el gran clímax. Las siete epístolas (caps. 2 y 3) forman una sección, y el resto del libro se divide en seis secciones. En cada una de estas secciones, Juan nos lleva hasta el fin y luego empieza de nuevo desde un punto más temprano. Hay una cantidad considerable de paralelismo entre las diversas secciones, y si miramos el final de cada sección veremos que el libro se mueve con un ritmo creciente hacia el clímax.

El capítulo 6 nos guía hasta cerca del fin, con los hombres diciendo a los montes y las peñas: "Caed sobre nosotros, y escondednos del rostro de aquel que está sentado sobre el trono, y de la ira del Cordero; porque el gran día de su ira ha llegado".

El capítulo 11 introduce nuevamente el fin, con la séptima trompeta proclamando el juicio tanto a sus profetas y santos como a los que destruyen la Tierra.

El capítulo 14 presenta el fin bajo la figura de una doble cosecha: la del trigo y la de las uvas.

El capítulo 16 conduce hasta el momento en que la voz del Trono dice: "Hecho está"; y cuando se da a beber del cáliz del vino del furor de la ira de Dios.

El capítulo 19 nos lleva hasta la venida del Vencedor en el caballo blanco, Rey de reyes y Señor de señores, victorioso sobre todos sus enemigos.

El capítulo 20 nos trae al Gran Trono Blanco, con todos los muertos, pequeños y grandes, de pie ante Dios: una escena seguida por el cuadro glorioso de los nuevos cielos y la nueva Tierra, la consumación absoluta.

Sin duda alguna, aquí tenemos una progresión hacia un clímax.

### ARMONÍA CON EL RESTO DE LA ESCRITURA

En nuestro examen de la enseñanza del Nuevo Testamento acerca del Segundo Advenimiento, hemos dejado al libro del Apocalipsis hasta ahora, no meramente porque sea el último libro de la Biblia, sino porque es un principio legítimo que las Escrituras precisas y claras deben ser nuestra guía para interpretar lo figurativo y más oscuro. "Dentro de los límites debidos —dice B.B. Warfield—, ciertamente el orden de investigación debería ir de lo más claro a lo más oscuro".

Hemos visto que no se hace mención alguna de nada parecido a un Reino de 1000 años de Cristo en la Tierra en el resto del Nuevo Testamento. No solo no ocurre la palabra "milenio" en ninguna otra parte, sino que fuera de Apocalipsis 20 el concepto es desconocido. Aun cuando Pablo está tratando expresamente de los judíos y su futuro —como hace en Romanos 11—, no hay ninguna mención de la restauración nacional de los judíos ni de su preeminencia como nación bajo el cetro del Mesías, como cabría esperar si estas cosas fueran así. Extraer de este pasaje (Ap. 20), imperfectamente entendido, la idea de un Milenio e imponerla forzadamente sobre el resto de Escritura es el procedimiento corriente que se sigue. Sin embargo, no solo no aparece tal concepto en el resto de la Biblia, sino que también —como hemos visto— la enseñanza de muchos pasajes lo excluye.

El testimonio unánime de los Evangelios, Hechos y las Epístolas es que el Segundo Advenimiento va acompañado de la resurrección general y el Juicio Final de todos. ¿Tenemos también esta enseñanza en el libro del Apocalipsis? Certísimamente.

Apocalipsis 10:7 dice: "En los días de la voz del séptimo ángel, cuando él comience a tocar la trompeta, el misterio de Dios se consumará". Y el capítulo siguiente declara que "el séptimo ángel tocó la trompeta", y que los veinticuatro ancianos dijeron: "Tu ira ha venido y el tiempo de juzgar a los muertos, y de dar el galardón a tus siervos los profetas, a los santos, y a los que temen tu nombre, a los pequeños y a los grandes, y de destruir a los que destruyen la tierra" (Ap. 11:15-18).

Aquí tenemos el fin, y en el fin los muertos son juzgados, los santos de Dios galardonados y los malvados destruidos. El libro del Apocalipsis habla de un juicio general, como hace el resto de la Escritura.

También vale la pena tomar nota de Apocalipsis 16:14-16. Los tres espíritus inmundos...

> Van a los reyes de la tierra en todo el mundo, para reunirlos a la batalla de aquel gran día del Dios Todopoderoso. He aquí, yo vengo como ladrón. Bienaventurado el que vela, y guarda sus ropas, para que no ande desnudo, y vean su ver-

güenza. Y los reunió en el lugar que en hebreo se llama Armagedón.

La escuela premilenarista corriente (p. ej. Charles Feinberg) considera que la venida de Cristo "como ladrón" se refiere al "arrebatamiento". ¡Aquí, sin embargo, se sitúa lo que ellos interpretan como el final del tiempo de la Gran Tribulación *después* de dicho arrebatamiento!

En Apocalipsis 20:11-15 leemos acerca del Gran Trono Blanco y de los muertos, pequeños y grandes, en pie delante de Dios:

> Y los libros fueron abiertos; y otro libro fue abierto, el cual es el libro de la vida; y fueron juzgados los muertos por las cosas que estaban escritas en los libros, según sus obras [...]. Y la muerte y el Hades fueron lanzados al lago de fuego. Ésta es la muerte segunda. Y el que no se halló inscrito en el libro de la vida fue lanzado al lago de fuego.

Comenta el Dr. Warfield:

> "Que en este pasaje se trata del Juicio general parece obvio. Aquellos que se describen aquí son 'los muertos, pequeños y grandes', lo que parece ser una designación inclusiva. Que no son meramente los impíos quienes comparecen está claro, por el hecho que no solo se utiliza el 'libro de las obras', sino también el 'libro de la vida' (dos veces mencionado), y solo aquellos que no se encuentran inscritos en el libro de la vida son lanzados al lago de fuego; de lo que parece deducirse que algunos de los presentes están inscritos en el 'libro de la vida'. La destrucción de 'la muerte y el Hades' no implica que el juicio solo recaiga sobre los enemigos de Dios, sino que, de aquí en adelante —como también dice Pablo (1 Co. 15)—, la muerte

> no existirá más. Está, desde luego, la 'muerte segunda', pero esta es el lago de fuego; es decir, el tormento eterno. Así es como la gran comparecencia final ante el Juez se presenta a nuestra contemplación; implicando la resurrección general y preparando la entrada en el destino eterno.

De esta manera el libro del Apocalipsis se une al testimonio unánime del resto del Nuevo Testamento en cuanto a una sola resurrección general y un solo Juicio general.

Aún hemos de examinar un pasaje bien conocido: el que ha dado lugar a la idea de un Milenio terrenal y que se considera como su fortaleza inexpugnable; a saber, Apocalipsis 20. La Biblia de Scofield admite que ha sido este pasaje el que ha dado origen a la idea en cuestión.

# 14
# *La interpretación premilenarista de Apocalipsis 20*

Podemos considerar *Exposition of the Revelation* (Exposición del Apocalipsis), de Walter Scott, como una muestra del punto de vista premilenario corriente. Scott bosqueja el capítulo como sigue: "Hay cuatro grandes acciones: primera, el encadenamiento de Satanás en el abismo durante 1000 años (vv. 1-3); segunda, el reinado con Cristo de todos los santos celestiales durante 1000 años (vv. 4-6); tercera, el último y desesperado intento de Satanás para recobrar el dominio del mundo, así como su derrota absoluta y su sentencia final (vv. 7-10); y cuarta, el juicio de los malvados muertos (vv. 11-15)" (p. 395).

La interpretación premilenarista corriente es que los 1000 años de Apocalipsis 20 son el período del Reino terrenal de Cristo sobre el Israel restaurado y las naciones gentiles dominadas. Durante este período, Satanás está atado y el mal reprimido; mientras tanto reinan los santos resucitados con Cristo. En este Milenio también las profecías del Antiguo Testamento acerca de la domesticación de animales salvajes y la restauración del Templo y su culto y ritual se cumplen. Al final del Milenio Satanás es soltado durante un corto período, y sale para agitar a las naciones a fin de que estas se rebelen contra el dominio benéfico de Cristo y sus santos. Consigue hacerlo, y capitanea a una multitud rebelde innumerable; pero es destronado y entonces encuentra su destino final en el lago de fuego, a lo que sigue el Juicio de los malos. Este es el punto de vista que debemos considerar ahora.

Walter Scott recalca "el carácter simbólico de la escena" respecto del encadenamiento de Satanás. Dice que "el ángel tiene la llave del abismo y una gran cadena en su mano. Apenas necesita uno insistir en el carácter simbólico de la escena, porque *eso* parece evidente a primera vista". Scott señala que los *símbolos* de la llave, la cadena y el sello significan que "por medio de ángeles [...] se recorta la libertad de Satanás y se restringe su esfera de actuación". Después de admitir el uso de símbolos en el versículo 1, sin embargo, Scott niega la utilización de los mismos en los versículos 2 y 4: la llave y la cadena son símbolos, pero los 1000 años no. Los 1000 años —dice— "a nuestro juicio, no deberían considerarse en ningún sentido simbólico, sino la indicación exacta y literal del tiempo. El término 'el Milenio' como una designación que se refiere al período de reinado del Señor —público y personal, con sus santos— sobre la Tierra se determina en función de este capítulo" (p. 398).

Es ciertamente positivo que Scott admita que, como Satanás es un ser espiritual, la llave y la cadena deben tener un significado también espiritual y no ser consideradas como objetos materiales. Debemos elevar una vigorosa protesta, sin embargo, por la manera injustificable como mezcla lo simbólico y lo literal a su propio antojo sin más.

Un término es simbólico porque él escoge tomarlo así, mientras que otro —en el siguiente o hasta en el mismo versículo— debe interpretarse en un sentido completamente literal. Este rasgo caracteriza al comentario de Scott sobre el Apocalipsis en otros momentos, así como la interpretación premilenarista en general.

Aquellos que interpretan los 1000 años literalmente, no hacen el debido caso del uso de los números en el libro del Apocalipsis. Los números hablan un idioma. Ni siquiera Walter Scott considera el número siete como completamente literal: las siete iglesias, admite "representan a la Iglesia universal". ¿Pero por qué un número tiene que ser simbólico y otro no? El obispo Wordsworth llama la atención al hecho que el número 1000 se utiliza más de veinte veces en el Apocalipsis, y agrega: "*Ninguna vez*, creo yo, se emplea *literalmente*. Se utiliza como un número perfecto". Y el Profesor William Milligan dice: "Si interpretamos los 1000 años literalmente, ese será un ejemplo aislado de un uso literal de los números en el Apocalipsis, y esta objeción por sí sola es fatal".

¿Cómo introducen los premilenaristas un Reino en la Tierra en los versículos 4-6? No hay ninguna indicación de que esto sea así. De hecho, Juan tiene el cuidado de decir que él vio "las *almas* de los decapitados". Aquí hay una indicación clara de que la visión se relaciona, no con los santos glorificados que tienen sus cuerpos de resurrección, sino con aquellos en el estado intermedio en el Paraíso de Dios. El versículo 4 dice:

> Y vi tronos, y se sentaron sobre ellos los que recibieron facultad de juzgar; y vi las almas de los decapitados por causa del testimonio de Jesús y por la palabra de Dios, los que no habían adorado a la bestia ni a su imagen, y que no recibieron la mar-

> ca en sus frentes ni en sus manos; y vivieron y reinaron con Cristo mil años.

No existe autoridad alguna para situar los tronos *en la Tierra*. Que el premilenarista, que tan estricto es para obligarnos a mantener el sentido literal del pasaje acerca de 1000 años literales, se ciña a lo que el pasaje realmente dice. En otro lugar del Apocalipsis tales tronos se sitúan *en el Cielo* (*cf.* Ap. 4:4, dónde los premilenaristas entienden que los sentados en los tronos son la compañía de los redimidos y glorificados *en el Cielo*).

Otra gran dificultad para el premilenarista, con su insistencia en la literalidad exacta, es la identificación de aquellos que se sientan en los tronos. Se mencionan, definitivamente, solo dos compañías: los decapitados por causa del testimonio de Jesús y aquellos que se negaron a adorar a la bestia. Pero los premilenaristas quieren introducir aquí una resurrección de todos los justos. Walter Scott siente esta dificultad, y logra incorporar a *todos* los justos bajo la palabra "los" empleada dos veces en la primera parte del versículo 4. Dice lo siguiente:

> La palabra 'los' se refiere evidentemente a una clase muy conocida [...]; ellos son la suma de los creyentes del Antiguo y Nuevo Testamentos, resucitados o cambiados en la venida en el aire. Es un grupo mucho más grande de santos que los mártires, por lo que no se los puede ubicar en ningún sitio en el Reino, salvo incluidos bajo el artículo determinado 'los' que se menciona dos veces.

Sin embargo, queda patente que no hay *ninguna* mención de todos los justos en el versículo 4 interpretado literalmente.

Walter Scott considera que los decapitados y los que se negaron a adorar a la bestia son aquellos martirizados durante el período de la Tribulación después del "arrebatamiento" de los santos, y dice que estos experimentan una resurrección en la víspera del Reino milenario de Cristo sobre la Tierra; eso es, al final del período de la Tribulación y años después de la resurrección de los otros santos. Esto lo extrae de las palabras: "Las almas de los decapitados por causa del testimonio de Jesús [...]; vivieron y reinaron con Cristo mil años [...]. Esta es la primera resurrección". ¡De hecho, según la propia interpretación de Scott, no sería la *primera* resurrección, porque aquella habría sucedido años antes, en el momento del "arrebatamiento!"

A.R. Fausset, un erudito expositor premilenarista, admite la dificultad de encontrar a *todos* los justos en el versículo 4, en función de su interpretación literal. Él dice que "aquí no se habla del *alcance* de la primera resurrección", para lo cual nos refiere a 1 Corintios 15 y 1 Tesalonicenses 4. Los premilenaristas, a veces, quisieran hacernos creer que todo su bosquejo milenario es claramente evidente en Apocalipsis 20, pero resulta muy obvio que no es así.

El punto de vista premilenario de un Reino terrenal de 1000 años implica estas paradojas: 1) los santos glorificados estarán en una Tierra no "glorificada" o renovada, es decir, que no habrá recibido aún su baño de fuego purificador; 2) los santos con los cuerpos glorificados se mezclarán con otros santos y pecadores sin cuerpos glorificados (esto sería de veras un grupo mixto); 3) Satanás será atado para que no engañe más a las naciones, sin embargo esas naciones continuarán siendo enemigas de Cristo en el fondo, y estarán listas para obedecer a Satanás y guerrear contra los santos en el momento que se acaben los 1000 años. Dichas naciones parecen ser más numerosas aun que los justos al final del Milenio, ya que ellas *son* como la arena del mar, mientras que los justos se encuentran rodeados en un "campamento" y "ciudad", y solo el fuego del cielo puede salvar a este débil campamento del ataque.

Al afrontar la interpretación literal sostenida por los premilenaristas hay dificultades formidables que surgen del propio pasaje; y también está la dificultad de reconciliar este punto de vista con lo que hasta ahora hemos visto que constituye el testimonio unánime del resto del Nuevo Testamento, en el cual hay instrucción sencilla y clara dada acerca de la Segunda Venida[1]. En el próximo capítulo se presentará una interpretación mucho más satisfactoria de Apocalipsis 20.

[1]Muchas escrituras que se citan para apoyar la idea de un reinado de Cristo en la Tierra durante 1000 años presentan en realidad un Reino eterno (p. ej. 2 S. 7:16; Is. 9:7; Dn. 2:44; 7:14; Lc. 1:33.

## 15
# *Satanás, un enemigo derrotado y condenado*

En el libro del Apocalipsis, desde el capítulo 12 en adelante, tres grandes enemigos de Nuestro Señor y de sus santos son prominentes: Satanás —el gran dragón escarlata—, la bestia y el falso profeta (a la segunda bestia de Apocalipsis 13 se la llama en los capítulos posteriores el falso profeta). En el capítulo 19 tenemos la victoria del Verbo de Dios, Rey de reyes y Señor de señores, sobre sus enemigos. Él viene a herir con violencia a las naciones y asegura su desbaratamiento completo. Todos los ejércitos de sus enemigos son totalmente destruidos y "todas las aves se saciaron de las carnes de ellos". Este es un vívido cuadro de absoluta victoria. Cristo pone fin por completo a la bestia y el profeta falso, y a *todos* sus seguidores, y pisa el lagar del vino del furor de la ira del Dios Todopoderoso. Sin lugar a dudas, el capítulo 19 nos conduce directamente al fin del mundo, y a la victoria completa de Cristo. Pero aunque el capítulo 19 nos conduzca directamente al fin, hay una cosa que no hace: si bien nos muestra la sentencia sobre los principales agentes de Satanás —la bestia y el profeta falso y sus adherentes—, no nos describe aquella sobre el escurridizo engañador mismo. Esto es lo que se nos va a mostrar ahora. Así que el tema principal de los primeros diez versículos de Apocalipsis 20 es el *derrocamiento* de Satanás.

Al describir este derrocamiento, no sería extraño que el apóstol Juan nos retrotrajera al principio de la era cristiana. Tal reconsideración del camino que hemos recorrido encajaría bastante bien con la estructura del libro del Apocalipsis. Por ejemplo, en los capítulos 10 y 11, como ya hemos señalado, parece absolutamente claro que con el toque de la trompeta final, el propósito entero de Dios en la historia humana va a quedar completado ("el misterio de Dios se consumará", 10:7), y habrá llegado el momento para que los muertos sean juzgados (11:18). Sin embargo, después de este final definitivo, el capítulo 12 nos devuelve al principio de la era cristiana, porque en este capítulo tenemos el cuadro del dragón que espera devorar al hijo varón, su derrota y frustración: el hijo varón es arrebatado para Dios y para su trono. Está claro que el hijo varón es Cristo, porque se le describe (12:5) como destinado a regir a las naciones con una vara de hierro (sin duda alguna desde su trono como el Mediador y, sobre todo, en un día futuro como Juez). Es más, cuando el dragón es arrojado del Cielo, una gran voz proclama: "Ahora ha venido [...] el reino de nuestro Dios, *y la autoridad de su Cristo*" (12:10). Así que el capítulo 12 presenta el nacimiento de Cristo y su victoria sobre Satanás, consumada por su ascensión al Cielo.

Un retorno al principio de la era cristiana estaría entonces en completo acuerdo con la estructura del libro del

Apocalipsis. Es más, si se presenta la victoria de Cristo sobre Satanás, parece necesario regresar al ministerio de Cristo y su Cruz, porque el testimonio unánime de los escritores del Nuevo Testamento es que Satanás fue "echado fuera" por medio de la victoria de Cristo en la Cruz.

Aunque Apocalipsis 20 corre paralelo a otras secciones del libro, conduciéndonos desde el principio de la era cristiana hasta la gran consumación del Juicio Final, esta sección todavía tiene sus propios rasgos distintivos. El cuadro principal que presenta es el de 1000 años de encadenamiento de Satanás. En esos 1000 años de victoria sobre el Diablo hay un aspecto terrenal y un aspecto celestial.

### EL ASPECTO TERRENAL (AP. 20:1-3; 7-10)

En los versículos 1-3 de Apocalipsis 20, se presenta el encadenamiento de Satanás. ¿Se describe el mismo en lenguaje literal o simbólico? Sin lugar a dudas vemos que hay simbolismo. Aun un devoto literalista como Walter Scott admite que la llave y la cadena y el sello en estos versículos son símbolos. Pero si tales cosas son símbolos, ¿no puede ser también un símbolo los 1000 años durante los cuales aquellos se utilizan?

Cuando hablamos de la expresión "los mil años" como un símbolo, no queremos decir que no haya ninguna noción de tiempo en la misma. Puede indicar un período largo, pero eso solo sería parte de su importancia. Otros casos del uso simbólico de números abundan en el libro del Apocalipsis. Los siete espíritus en 1:4 se refieren sin duda alguna al Espíritu perfecto de Dios. ¿Y quién puede dudar que el número 666, en 13:18, habla en lenguaje simbólico? Y acerca de la ciudad establecida en cuadro, con su anchura, longitud y altura de 12 000 estadios, si tratáramos simplemente de medir estas dimensiones enormes, perderíamos el significado profundo que tienen. Así pasa con el número 1000: es el número sagrado 3, añadido al número sagrado 7 para sumar 10 —el número de la integridad—, y luego elevado al cubo o a la tercera potencia. Se trata de la integridad y la perfección de la victoria de Cristo sobre Satanás.

Hace más de 1500 años, Agustín señaló que este encadenamiento de Satanás es el mismo al que se refirió Nuestro Señor cuando habló de atar al hombre fuerte (Mt. 12:26-29). El hombre fuerte es Satanás, y Cristo el más fuerte que él y quien ha venido a atarlo y a saquear sus bienes. Cristo se está refiriendo a lo que vino a hacer en este mundo. Isaías 53, que habla de los sufrimientos de Cristo, también menciona los frutos de esos sufrimientos: "Con los fuertes repartirá despojos". A través de sus sufrimientos Él había de vencer a Satanás, y no dejaría de apropiarse los despojos de la victoria.

Muchos encuentran gran dificultad en concebir a Satanás como "atado", en vista de toda la oscuridad, religión falsa y malicia que prevalecen entre las naciones de la Tierra. Estos deben observar, en primer lugar, que un lenguaje igualmente fuerte se utiliza para la condición presente de Satanás en otros pasajes claros de la Escritura. Pablo describe a Cristo como despojando y triunfando sobre Satanás y sus huestes mediante la Cruz (Col. 2:15), y el autor de Hebreos habla de Cristo como destruyéndolo por medio de su muerte (He. 2:14). El propio Jesús, poco antes de ir a la Cruz, dijo que Satanás sería echado fuera y juzgado (Jn. 12:31; 16:11). De hecho la victoria era tan segura que Él hablaba de la misma como ya obtenida.

Robert Strong nos dice que, en los comienzos de 1938, *The Sunday School Times*, un periódico semanal fuertemente premilenarista, publicó una caricatura dibujada por E.J. Pace que presentaba de la manera más interesante y vívida el concepto neotestamentario de un Satanás atado y frustrado. He aquí su descripción de la caricatura:

> En el fondo se ve la cruz del Calvario. En el primer plano, a Satanás, acuclillado, se le identifica como "El hombre fuerte de Mateo 12:29". Está atado con cadenas y mira tristemente sobre su hombro izquierdo al lugar terrible de "fuego eterno, preparado para el diablo y sus ángeles". El título de la caricatura es: "Un enemigo derrotado y condenado", y bajo ese título los versículos interpretativos dicen: "Para esto apareció el Hijo de Dios, para deshacer las obras del diablo" (1 Jn. 3:8); "para destruir por medio de la muerte al que tenía el imperio de la muerte, esto es, al diablo" (He. 2:14).

El Dr. Strong sugiere que la única cosa que la caricatura necesita para estar completa como llamativa representación pictórica de la enseñanza del Nuevo Testamento acerca del encadenamiento de Satanás, es agregar la simple línea que diga: "Véase también Apocalipsis 20:2". Es ciertamente digno de comentario que las notas de la Biblia de Scofield digan de Satanás que le está "permitido cierto poder" en esta era del Evangelio, y agreguen que se trata solo de "un poder estrictamente permisivo y limitado".

Debe observarse, en segundo lugar, que esta victoria sobre Satanás es coherente con una actividad inquieta continuada por parte de este que Dios le permite. En los Evangelios, cuando los discípulos volvieron de una misión marcada, entre otras cosas, por la expulsión de demonios, Jesús dijo: "Yo veía a Satanás *caer* del cielo como un rayo". Sin embargo, este "caer" no incapacitó a Satanás para toda actividad: poco después ejerció su poder contra

Cristo. En 2 Pedro 2:4 leemos: "Porque si Dios no perdonó a los ángeles que pecaron, sino que arrojándolos al infierno los entregó a prisiones de oscuridad, para ser reservados al juicio". El primero entre los ángeles que pecaron es Satanás, y a él se lo describe aquí como "arrojado" y "entregado a prisiones". Sin embargo, el mismo Pedro dice: "Vuestro adversario el diablo, como león rugiente, anda alrededor buscando a quien devorar" (1 P. 5:8)". Está bastante claro en estos pasajes que la "caída" y las prisiones de Satanás son bastante coherentes con su actividad diabólica entre los hombres. Asimismo el "encadenamiento" de Satanás en Apocalipsis 20 no significa la cesación completa de sus actividades. Su caso podría compararse en algunos aspectos con el de Al Capone, el gángster capturado de quien se dijo —con exageración, sin duda— que gobernaba Chicago desde la cárcel de esa ciudad. ¡Satanás está de hecho atado, pero se le ha concedido una larga cadena!

En tercer lugar, hemos de observar que este pasaje (Ap. 20) habla de una limitación *particular* impuesta a Satanás. Una y otra vez, en las Escrituras, el Diablo se encuentra bajo libertad limitada. En los primeros dos capítulos de Job, Satanás está muy activo, comoquiera tiene limitaciones. Se le permite herir la propiedad y los bienes de Job, pero no su cuerpo. Cuando esta restricción le es retirada, aún se encuentra bajo restricción, porque se le prohíbe que le quite la vida; en este respecto Satanás está atado. El libro del Apocalipsis también presenta a Satanás activo, pero aún bajo restricción. En el capítulo 9, cuando se sueltan las fuerzas del mal, tiene que utilizarse la llave del pozo del abismo para que suban esas fuerzas. El que la emplea es "una estrella que cayó del cielo", es decir, Satanás; pero fíjate que él no tiene el derecho a la llave: "Se le *dio*".

Es más, en el capítulo 12, él hace guerra contra la mujer y su hijo, pero fracasa completamente. Parecería hallarse en posición de destruir a todos ante sí; pero hay una mano divina que confunde sus esfuerzos. En otros términos, está refrenado.

En Apocalipsis 20 se declara que Satanás ha sido atado, "para que no engañase más a las naciones, hasta que fuesen cumplidos los mil años" (v. 3, *cf.* v. 8). El propósito particular del encadenamiento que se destaca aquí es el siguiente: el Diablo está limitado para que no engañe más a las naciones. No se declara que las naciones vayan a ser salvas; y si no se salvan, en un sentido muy real, permanecen aún bajo "el engaño". Parece entonces que la frase "engañase más a las naciones" se refiere a un tipo particular de acción no ejercido por Satanás. William Hendriksen se refiere a los tiempos del Antiguo Testamento, cuando Dios dejó a las naciones andar en sus propios caminos (Hch. 14:16) y contrasta dicha condición anterior con el conocimiento extendido de Cristo en la actualidad. Concluye que "el encadenamiento de Satanás y el hecho que él sea arrojado al abismo para permanecer allí durante 1000 años, indican que a lo largo de la presente era del Evangelio —que empieza con la Primera Venida de Cristo y se extiende hasta su Segunda Venida—, la influencia del Diablo en la Tierra se restringe para que él sea incapaz de impedir la extensión de la Iglesia entre las naciones por medio de un programa misionero activo". Sin negar la validez de este comentario, el contexto señala hacia otra explicación del "engaño" que Satanás tiene limitaciones para ejercer. El versículo 3 afirma que el Diablo no engañará más a las naciones, hasta que se cumplan los 1000 años. El versículo 7 repite este pensamiento, y el versículo 8 agrega que entonces (después de acabados los 1000 años) saldrá para engañar a las naciones, a fin de reunirlas para "la batalla". En otros términos, el "engaño" del cual se le refrena ahora y que se le permitirá finalmente ejercer, se expresa con claridad: él se ve impedido de "reunir a las naciones para la batalla" (griego, *ton polemon*). Se le concede a Satanás mucho margen de acción, pero esta restricción le es impuesta.

La "batalla" de que se trata queda claro en Apocalipsis 16:4-16 y 19:19, donde se describe esta misma contienda culminante. Es la batalla o la guerra del gran día del Dios Todopoderoso. La hora para pelearla ha llegado por fin y a Satanás se le permite ejercer este engaño, y lo hará en gran escala para producir el conflicto mundial último. Inspirará un ataque masivo contra la Iglesia de Cristo, y a las naciones que reunirá se las llama "Gog y Magog", nombres tomados de la descripción que hace Ezequiel de los enemigos del pueblo de Dios. Los tres capítulos 16, 19 y 20 hablan de esto: de "reunir a las naciones" y de "la batalla". Juan está describiendo la última opresión mundial contra la Iglesia de Cristo que precederá al Segundo Advenimiento. Podría parecer que la Iglesia está a punto de ser vencida, pero tan rápido como el relámpago Cristo intervendrá y desbaratará completamente a todos sus enemigos. A esto seguirá la resurrección y el Juicio Final de todos: desde el gobernante más alto hasta el esclavo más humilde (Ap. 20:11-15).

## EL ASPECTO CELESTIAL (AP. 20:4-6)

Estos versículos presentan el aspecto celestial de los 1000 años. El versículo 3 habla de Satanás atado por 1000 años, y agrega: "Después de esto debe ser desatado por un poco de tiempo". El versículo 7 repite el mismo pensamiento: "Cuando los mil años se cumplan, Satanás será suelto de su prisión, y saldrá a engañar a las naciones". Está claro que los versículos 7-10 son una continuación directa de 1-3, de tal manera que los versículos 4-6 constituyen un paréntesis. Este paréntesis habla del Reino de 1000 años de los santos. El Dr. Hendriksen pregunta lo siguiente con respecto a este Reino:

*1. ¿Dónde acontece este Reino?*

Debe observarse que no hay ninguna mención de Palestina o de Jerusalén en estos versículos. Se describe a los santos sentados sobre tronos (v. 4). Como señalamos en el capítulo anterior, dondequiera que se mencionan tronos en este libro —ya sean de Cristo o de su pueblo—, estos se sitúan en el Cielo. Es muy probable, por tanto, que ese sea también el caso aquí, lo cual queda claro por la expresión "y vi las *almas* de los decapitados" (v. 4). Las "almas" casi se contrastan con los "cuerpos" en este pasaje, porque indudablemente al capítulo no le falta insistencia en la resurrección corporal. Lo que tenemos aquí, entonces, es una visión de espíritus sin sus cuerpos. La guerra de los santos en la Tierra, que se resalta mucho en este libro, es solo una parte de su historia a este lado del gran día final. La reunión de la Iglesia en su hogar celestial es la otra parte gloriosa.

*2. ¿Cuál es el carácter de este Reino?*

Aquellos que participan en dicha reunión se describen como "resucitados", porque han experimentado "la primera resurrección". Al pueblo de Cristo en el Nuevo Testamento se lo declara "resucitado con Cristo" (Col. 3:1; Ef. 2:6; Ro. 6:5-8). Su guerra en la Tierra ha sido presentada claramente en este libro, a menudo bajo forma de símbolos; y la bienaventuranza del estado eterno, después de la última resurrección, podemos verla en los capítulos 21 y 22, buena parte también en lenguaje simbólico. ¿No podemos esperar alguna mención de las bendiciones que los bienaventurados que han muerto disfrutan antes de la última resurrección? Y si para representarlas se utiliza el lenguaje simbólico, ¿deberíamos sorprendernos?

Los santos de "la primera resurrección" se contrastan con "los otros muertos", quienes no vuelven a vivir hasta que los 1000 años se cumplen. Los santos que han ido al Cielo están muertos en lo concerniente al cuerpo, pero viven y reinan con Cristo en la gloria. "Los otros muertos" están muertos en ambos sentidos, corporal y espiritualmente, y volverán a la vida (en el cuerpo) solo para morir la terrible muerte segunda. Esta es la única resurrección que ellos tendrán. Puede objetarse que esto implica tomar la palabra "vivir" en estos versículos en dos sentidos diferentes: en el versículo 4 como una resurrección espiritual y en el 5 como una resurrección corporal. Pero Juan se refiere en otro lugar a esos dos tipos distintos de "vivir" en unos pocos versículos (Jn. 5:25,28,29), y en este mismo pasaje utiliza la palabra "muerte" en dos sentidos diferentes: como muerte corporal y muerte espiritual (vv. 5 y 6). Así que no solo es permisible interpretar "vivir" aquí en dos sentidos diferentes, sino que casi se nos exige que lo hagamos así.

"Vivieron y reinaron con Cristo" (Ap. 20:4). Si alguno argumenta que "vivieron" está en el tiempo aoristo (griego, *ez san*) y, por consiguiente, indica un acontecimiento y no un estado, nosotros contestamos que "reinaron" también es aoristo e indica reconocidamente un estado. Hasta en Apocalipsis 2:8, donde *ez san* se utiliza para la resurrección de Cristo, cuando lo ponemos contra el trasfondo apropiado de Apocalipsis. 1:18, se refiere evidentemente a un estado y significa que "Él se encontraba en un estado de muerte y *pasó a estar vivo para siempre*".

Lo que se describe en este "reino" de los santos es la bendición de los muertos bienaventurados. Sus almas han sido hechas perfectas en santidad, y recibidas en los cielos más altos donde contemplan el rostro de Dios en luz y gloria. "Bienaventurados de aquí en adelante los muertos que mueren en el Señor".

### 3. *¿Quiénes participan en este Reino?*

> Y vi tronos, y se sentaron sobre ellos los que recibieron facultad de juzgar; y vi las almas de los decapitados por causa del testimonio de Jesús y por la palabra de Dios, los que no habían adorado a la bestia ni a su imagen, y que no recibieron la marca en sus frentes ni en sus manos; y vivieron y reinaron con Cristo mil años.

Además del artículo determinado "los", hay dos expresiones que se utilizan para describir a aquellos que viven y reinan con Cristo: a) los mártires; y b) los que se negaron a recibir "la marca de la mundanalidad". Algunos forman dos o tres grupos con estos términos descriptivos. Es mejor tomarlos como un solo grupo; es decir, como simplemente descriptivos de los cristianos fieles en la guerra de los siglos. Ellos son los fieles testigos de Cristo que menospreciaron sus propias vidas hasta la muerte; los que conocen por experiencia la verdad de las palabras: "Si no hay cruz, tampoco hay corona". Esta interpretación los representa disfrutando de su premio en el Cielo. Cristo fue exaltado después de su muerte para reinar como el Rey mesiánico a la mano derecha de Dios; aquí también se describe a sus santos fieles como entronizados. "Al que venciere, le daré que se siente conmigo en mi trono, así como yo he vencido, y me he sentado con mi Padre en su trono (Ap. 3:21).

El Reino de 1000 años es entonces el largo período comprendido entre el Primer y el Segundo Advenimientos de Nuestro Señor. No solo el número 1000 conlleva la idea de un período largo, sino que también, y más particularmente, simboliza la integridad celestial, la seguridad y la bienaventuranza. Cuando utiliza el número 1000 para describirlo, Juan ha dicho "todo lo que podía decir para transmitir a nuestras mentes la idea de plenitud absoluta" (B.B. Warfield).

¡Cuán poco de la representación usual del Milenio se encuentra realmente en Apocalipsis 20! Muchos contestarán que el cuadro puede rellenarse con las profecías del Antiguo Testamento acerca de "la edad dorada" en la Tierra; pero parece mucho mejor tomar estas profecías como cumplidas en el universo nuevo y transformado. Y esto porque las profecías del Antiguo Testamento no tratan de un Reino temporal sino eterno.

La interpretación que hemos presentado de Apocalipsis 20 guarda una armonía absoluta con el resto del Nuevo Testamento, que no deja ningún lugar para un Reino intermedio entre el Reino presente de Cristo y el Reino eterno de gloria. También está en armonía con la naturaleza pictórica y simbólica de mucho del contenido del libro del Apocalipsis, y concuerda con el propio pasaje.

Hemos llegado al final de nuestros estudios de las Escrituras relacionados con el Segundo Advenimiento. Podemos concluir ahora utilizando el resumen de Robert Strong (con ligeras alteraciones):

1. La era del Evangelio transcurrirá hasta el Segundo Advenimiento, mientras la Iglesia de Cristo sigue con su tarea de reunir a un pueblo para el nombre del Señor.

2. Hacia el fin de esta era, habrá una apostasía de la Verdad impulsada en gran manera por "el hombre de pecado", el Anticristo personal, que promoverá la gran rebelión final contra Dios y su Cristo. Este será un tiempo de gran prueba para el pueblo fiel de Dios.

3. El Señor Jesús vendrá visible y gloriosamente. Resucitará a los muertos justos, transformará a los creyentes vivientes y reunirá a todos los redimidos para que estén con Él; luego destruirá al Anticristo y juzgará al mundo; y renovará la Tierra y el cielo para que sean morada de la justicia eterna.

Estos acontecimientos que han de acompañar su venida sucederán prácticamente de manera simultánea, de modo que habrá un gran evento culminante en el fin del mundo. Cristo vendrá *por* sus santos —los muertos bienaventurados y los creyentes que estén vivos—, y ellos le recibirán en el aire. Entonces volverá *con* sus santos —la compañía entera de estos con sus cuerpos glorificados— y los introducirá a la bienaventuranza consumada de los nuevos cielos y la nueva Tierra.

*Yo no sé, oh, yo no sé*
*qué alegrías nos esperan allí:*
*qué brillantez de gloria;*
*¡qué incomparable bienaventuranza!*

## 16
# *¿Está cerca el momento trascendental?*

Cuando Cristo se encontraba en la Tierra, algunos pensaron que el Reino llegaría inmediatamente en su gloria, pero Él corrigió esa idea (Lc. 19:11-27). Es verdad que el Salvador exaltado dijo: "Ciertamente vengo en breve" (Ap. 22:20), pero debemos recordar que, desde el punto de vista divino, el Advenimiento siempre está cercano: para Él un día es como 1000 años, y 1000 años como un día (*cf.* 2 P. 3:8); y también que el Nuevo Testamento concibe esta era en su totalidad como "los últimos días" (*cf.* He. 1:1-2; 1 Jn. 2:18).

¿Hay indicaciones en las Escrituras para prevenirnos de su gloriosa aparición? Se mencionan ciertos eventos, de los cuales estos son los principales:

### EL LLAMAMIENTO DE LOS GENTILES

El ministerio de pastores y maestros ha de continuar hasta que todos los elegidos se reúnan y la Iglesia entera llegue a la estatura de la plenitud de Cristo (Ef. 4:11-13). Todas las naciones tienen que oír el Evangelio por medio de los siervos de Cristo, y entonces vendrá el fin (Mt. 29:19,20; 24:14). Esto no significa que cada individuo vaya a oír, ni mucho menos que todos se salven. Quiere decir que las naciones en su conjunto tendrán la oportunidad de oír, y que habrá aquellos de cada nación que se cuenten entre los redimidos (Ap. 7:9).

## LA CONVERSIÓN DE ISRAEL

Charles Hodge insiste en que Romanos 11 enseña una conversión nacional de los judíos a Dios. Geerhardus Vos está de acuerdo con que "en el futuro habrá una conversión generalizada de Israel". Algunos expositores han interpretado que, en Romanos 11:26, "todo Israel" se refiere al Israel espiritual; mientras Louis Berkhof y William Hendriksen consideran que significa "el número entero de los elegidos de entre el pueblo del antiguo pacto". Nosotros estamos de acuerdo con la prudente declaración del Obispo Waldegrave: "Es probable —dice él, acerca de Romanos 11— que una conversión muy general de Israel al Señor" vaya a preceder al advenimiento. Considera la exposición que John Murray hace de este capítulo en su *Epistle to the Romans* (Epístola a los Romanos).

Esto no significa que cada israelita individual vaya a salvarse, sino que las conversiones tendrán lugar entre ellos en una escala antes desconocida. Nuestro Señor dijo hacia el final de su ministerio en la Tierra que los judíos no lo verían hasta que le reconocieran como bendito; en otros términos, que un gran número tendría otra actitud hacia Él en el momento de su Segunda Venida (Mt. 23:39; Lc. 13:15). Que nadie diga que esto sitúa el advenimiento en un futuro distante. Así como Dios ha hecho que la luz viaje a 300 000 kilómetros por segundo, también puede, cuando le agrade, proyectar la luz de su Evangelio y juntar rápidamente al número completo de sus elegidos de entre los gentiles y los judíos.

Tenemos interés en señalar —contra tanta enseñanza dispensacionalista actual— que la bendición solo alcanzará a los judíos de una manera, a saber, por medio de la fe en Cristo (Ro. 11:23); que la salvación vendrá únicamente a ellos mediante el Evangelio de la gracia soberana (Ro. 11:32; Hch. 4:12); y que no hay esperanza para el judío simplemente por ser judío. Este tiene, como el pecador de entre los gentiles, que arrepentirse y ser convertido, para que sus pecados sean borrados (Hch. 3:19). No hay ninguna distinción entre el judío y griego (Ro. 10:12); ambos deben ser salvos igualmente por el Salvador y su obra expiatoria. Predicar esperanza para el judío simplemente por ser judío (como hacen algunos dispensacionalistas), es predicar otro Evangelio (Gá. 1:8).

¿Es correcto saludar el regreso de los judíos no convertidos y rebeldes a Palestina como un cumplimiento de la profecía? Parece que no, porque la profecía liga estrechamente las ideas de conversión y "restauración" (*cf.* Dt. 30:8-10; Ez. 20:38). Las promesas de restauración a la tierra que hace el Antiguo Testamento tuvieron un cumplimiento parcial con el regreso de la cautividad de Babilonia, pero alcanzan su cumplimiento completo en la llegada del Israel espiritual, la innumerable simiente de Abraham (Gá. 3:29; Ro. 4:16-18), a su verdadero hogar en Cristo y, a la larga, a su herencia en los nuevos cielos y la nueva Tierra (2 P. 3:13; Ap. 21:1). Los creyentes de entre los judíos y los gentiles son la verdadera circuncisión (Fil. 3:3), ciudadanos de la Jerusalén celestial (Gá. 4:26) y aquellos que se han acercado al monte de Sion (He. 12:22). Ya hemos mostrado, en el capítulo 6, que el Nuevo Testamento da un significado ampliado y una importancia espiritual a las promesas del Antiguo Testamento las cuales, a primera vista, podrían parecer exclusivamente para el judío.

### LA VENIDA DEL ANTICRISTO

El principio anticristiano ya estaba obrando en tiempos de los Apóstoles (2 Ts. 2:7; 1 Jn. 2:18), y alcanzará su poder más alto un poco antes del advenimiento de Cristo, cuando haya una gran apostasía y el poder anticristiano se concentre, lo más probablemente, en un individuo: la encarnación de toda la maldad (2 Ts. 2).

A menudo se hace la pregunta: ¿Se volverá el mundo mejor o peor al acercarse la venida del Señor? Hay pasajes en la Biblia que parecen enseñar muy claramente que el mundo, cuando Él venga, será un lugar muy malvado, como el mundo en los días de Noé o de Lot (p. ej. Mt. 24:37-42). Y hay otros pasajes que parecen presentar un desarrollo gradual del Reino de Cristo (p. ej., Mt.13:31-33). Ambos cuadros son, sin lugar a dudas, verdaderos. Como dice R.B. Kuiper: "A grandes rasgos, las condiciones en la Tierra se están poniendo a la vez mejores y peores. Por ejemplo, tenemos la cristianización de naciones paganas y el regreso de naciones cristianas al paganismo". Es probable que "así como el reino de la Verdad se extiende gradualmente, también el poder del mal vaya a cobrar fuerza hacia el final" (Geerhardus Vos).

Aunque los acontecimientos anteriores se presentan claramente como el antecedente de la Venida, nadie sino Dios sabe el momento en que esta sucederá. Tomará a las gentes por sorpresa. Ninguna de las señales dadas es de tal naturaleza que ponga totalmente en claro "el día y hora". Es más, recordemos que la Primera Venida de Cristo fue anunciada por señales y, sin embargo, sorprendió a todos —o a casi todos—: la mayoría no les había prestado la debida atención.

Agustín dijo: “Ese día queda escondido, para que todos los días podamos estar velando”. Disintiendo del dogmatismo con que en su tiempo algunos sostenían que la Venida había de ser inminente, él expresó muy bien: “El que ama la venida del Señor no es el que afirma que está lejos, ni es el que dice que está cercana, sino el que —estando lejana o cercana— la espera con fe sincera, esperanza firme y amor ferviente”.

# *Epílogo*

Dionisio de Alejandría, apodado "el Grande", nació alrededor de 190 d. C., y murió en 265 d. C. Criado para ejercer una profesión secular, con perspectivas luminosas de riqueza y fama, se convirtió a la fe cristiana y pudo decir entonces: "Cuantas cosas eran para mí ganancia, las he estimado como pérdida por amor de Cristo". Eusebio, en su *Historia eclesiástica*, nos habla de dos obras de Dionisio acerca de "Las promesas". Las escribió para refutar la doctrina de Nepos, obispo en Egipto, que enseñaba que las promesas deben entenderse más como los judíos lo hacían. Nepos "suponía que habría un Milenio de lujo sensual en esta Tierra", y para establecer su opinión escribió una obra sobre el Apocalipsis de Juan. Esta fue cariñosamente rebatida por Dionisio en sus dos obras acerca de "Las promesas". En la segunda, hace mención de Nepos, ya difunto, y de la gran importancia que sus seguidores daban a su obra acerca del Apocalipsis, en la cual Nepos enseñaba que habría un Reino futuro terrenal de Cristo. Dionisio habla de su gran amor y estima por Nepos, a causa de la fe y laboriosidad de este, de su estudio de las Escrituras, de su gran atención a los salmos, y de la manera como partió de esta vida. Pero la Verdad —dice Dionisio— debe ser honrada y amada antes que todo. Así que se sintió obligado a escribir contra las ideas de Nepos, declarando que en Arsinoe, donde la doctrina en cuestión prevalecía, esta había conducido a "cismas y apostasías de iglesias enteras".

Dionisio nos cuenta su visita a Arsinoe, y dice:

> Después de llamar a los presbíteros y maestros de los hermanos de las aldeas, cuando aquellos hermanos que deseaban estar presentes llegaron, yo los exhorté a examinar la doctrina públicamente. Y cuando hubieron sacado este libro [el de Nepos acerca del Apocalipsis] como un tipo de armadura y fortaleza inexpugnable, me senté con ellos durante tres días, desde la mañana hasta la tarde, intentando refutar lo que contenía.

Dionisio comenta acerca de la inteligencia y el espíritu dócil de aquellos hermanos, y señala de qué manera sabia y conciliadora llevó a cabo la discusión con ellos, no intentando eludir las objeciones y esforzándose, hasta donde fuera posible, por mantenerlos enfocados en el asunto. El objetivo supremo era que la Verdad prevaleciera, y que recibieran lo que se establecía mediante las pruebas y doctrinas de las Santas Escrituras. Finalmente, el fundador y maestro principal, Coracio, a oídos de todos los hermanos presentes, "reconoció y nos confesó" que él ya no se adheriría a la enseñanza de Nepos, ya que los argumentos contrarios le habían convencido completamente. Debido a lo cual, los demás hermanos presentes se regocijaron.

Si no hemos sido tan diplomáticos y conciliadores como Dionisio presentando nuestra defensa, lo sentimos profundamente. Pero esperamos que muchos de nuestros queridos hermanos en el Señor, que difieren de nuestra postura en cuanto a los temas expuestos en este libro, consideren de nuevo su propia postura. Quizá hayan oído desde hace mucho a oradores machacar acerca de un Reino terrenal de 1000 años con Jerusalén como centro, y lo que han leído ha sido en esa misma línea; pero ahora tienen ante sí otro punto de vista que consideramos el punto de vista escriturario, así como el de los Reformadores y Puritanos. ¡Ojalá obtenga la lealtad de nuestros lectores!

# *Apéndice: Las setenta semanas de Daniel 9*

Las setenta semanas de Daniel (o setenta "sietes") son la base de muchos mapas de las edades. Hacemos bien en observar el propósito por el cual las setenta semanas se decretan: "Setenta semanas están determinadas sobre tu pueblo y sobre tu santa ciudad, para terminar la prevaricación, y poner fin al pecado, y expiar la iniquidad, para traer la justicia perdurable, y sellar la visión y la profecía, y ungir al Santo de los santos" (Dn. 9:24).

Estos seis resultados mencionados, según Daniel, han de cumplirse antes del vencimiento de las setenta semanas. Es entonces equivocado considerarlos cumplidos (o algunos de ellos) en un milenio después de las setenta semanas, como normalmente se hace. El poner fin al pecado y expiar la iniquidad tuvieron lugar a través del que "se presentó una vez para siempre por el sacrificio de sí mismo para quitar de en medio el pecado" (He. 9:26). Él trajo una justicia perdurable (2 Co. 5:21); después de su ministerio y el de sus Apóstoles ninguna revelación profética se necesitaría ya; y Él era el más Santo, ungido con el Espíritu (Hechos 10:38). Cristo es la figura destacada en el pasaje. Se dice de Él, en el versículo 26, que "él será muerto y no tendrá nada" (LBLA), y es Él quien "confirma" o "hace prevalecer" (no "hace") el pacto; es decir, el pacto de gracia. El desolador (v. 27b) es Tito, el comandante romano cuyas terribles estragos describe Josefo. El procedimiento de aquellos que separan la semana 70 de las otras 69 por un intervalo ya mucho mayor que las 70 semanas, está totalmente injustificado. Si alguien responde que el propio Daniel hace un intervalo, habría que replicarle que no hace uno sino dos (7 semanas y 62 semanas y 1 semana). Cada intérprete considera que las 62 semanas siguen a las primeras 7 semanas sin intervalo alguno; la sucesión de tiempo no se interrumpe; la interrupción simplemente marca un gran evento en la historia de Israel: la restauración de Jerusalén bajo Esdras y Nehemías. Del mismo modo, no hay ningún intervalo entre la semana 69 y la 70: la división simplemente marca la memorable aparición de Cristo[1].

[1]No estamos justificados para entender los 70 "sietes" como 490 años. En ninguna parte del Antiguo Testamento se llama una semana o "un siete" a un período de siete años. Es mejor interpretar estos "sietes" como "una designación intencionalmente indefinida de un período de tiempo, medido por el número 7, cuya duración cronológica debe determinarse sobre otras bases".